Baisch-Zimmer / Petrig · Kinder-Mentaltraining

Dieses Buch ist all den wunderbaren Kindern
dieser Welt gewidmet.
Unsere Aufgabe ist es, sie mit Achtung und
Wertschätzung auf ihrem Weg zu begleiten
und die Schätze in ihrem Inneren zu entdecken.

Saskia Baisch-Zimmer / Gabriele A. Petrig

Kinder-Mentaltraining

Kinder für das Leben stärken
Mit vielen Übungen und »Bärenstarken Gedanken«

BELTZ

Saskia Baisch-Zimmer, Diplom-Handelslehrerin, unterrichtet seit 1999 an einer gewerblichen Berufsschule in Hessen. Ihre Kenntnisse über Stressbewältigung und Mentales Training, die sie in diversen Ausbildungen, insbesondere zur Kindermentaltrainerin und zum Wellness- und MentalCoach, gesammelt hat, gibt sie seit 2002 in der Lehrerfortbildung weiter.

Gabriele A. Petrig ist seit 1989 mit eigenem Institut in Aschaffenburg tätig. Sie gibt ihr Wissen in Seminaren und Fortbildungen weiter und bildet seit 1995 Kindermentaltrainerinnen und -trainer aus. Informationen über diese und andere Aus- und Weiterbildungen finden Sie unter www.petrig.de.

Lektorat: Horst Haus, Bielefeld

www.beltz.de
Herstellung: Sarah Veith
Satz: Beltz Bad Langensalza GmbH, Bad Langensalza
Druck: Beltz Druckpartner GmbH & Co. KG, Hemsbach
Umschlaggestaltung: glas AG, Seeheim-Jugenheim
Umschlagabbildung: Tom Klotz, Erlensee
Printed in Germany

ISBN 978-3-407-62731-5

Inhalt

1 Grundlagen des Kindermentaltrainings

1.1 Ursprung des Mentalen Trainings

Der Begriff »Mentaltraining« lässt sich auf das lateinische Wort »mental« zurückführen, welches für »geistig« sowie »den Verstand, die Psyche oder das Denkvermögen betreffend« steht. Die Möglichkeit, sich selbst verbal und mental ohne äußeren Anlass Vorstellungen zu erschaffen, wird Autosuggestion genannt. Das Mentale Training nutzt diese Fähigkeit und trainiert dementsprechend den Geist und die Vorstellungen, welche sich ein Mensch durch seine Gedanken macht. Dies ist sinnvoll, weil der Mensch über eine enorme mentale Kraft verfügt, sich ihrer allerdings häufig gar nicht bewusst ist und sie daher nicht optimal für sein Wohlbefinden einsetzt.

Mentales Training wurde durch die Sportpsychologie bekannt und benennt dort eine geistige, nicht körperbezogene Methode zur Leistungsverbesserung von Sportlern. Der Athlet stellt sich dazu mehrmals intensiv einzelne Bewegungen oder den gesamten Wettkampf bildlich vor, ohne sich tatsächlich zu bewegen, und erzielt dadurch im realen Geschehen ein besseres Ergebnis. Dem Mentalen Training liegt das sogenannte ideomotorische Gesetz zugrunde, welches 1873 durch den englischen Physiologen William H. Carpenter entdeckt wurde. Er bezeichnete damit die nachweisbaren Auswirkungen einer mentalen Bewegungsvorstellung auf die Muskeln. Indem ein Mensch lediglich imaginiert, sich also bildlich vorstellt, seine Muskeln anzuspannen oder zu entspannen, reagieren diese tatsächlich. Dass sich mentale Vorstellungen darüber hinaus auch auf viele vegetative Funktionen auswirken, diese sogar erst auslösen können, erkannte der Schweizer Arzt Auguste-Henri Forel (1848–1931), der deshalb aus dem Carpenter-Effekt das Gesetz der Ideoplasie ableitete. Wenn Sie zum Beispiel sehr intensiv an ein leckeres Gericht denken, wird sich Ihr Speichelfluss automatisch in Gang setzen.

Dieses Phänomen sowie die Fähigkeit zur Autosuggestion schuf die Basis für viele bekannte und erfolgreiche Entspannungsmethoden. So entwickelte der deutsche Arzt Johannes Heinrich Schultz (1884–1970) im ersten Jahrzehnt des 20. Jahrhunderts das weitverbreitete Autogene Training. Auch der Arzt Jakob Derbolowsky nutzt dieses Wissen in dem von ihm weiterentwickelten Entspannungsverfahren, dem sogenannten TrophoTraining. Die Entspannungsmethode »Relaxation Response« nach dem Kardiologen Herbert Benson, Professor an der medizinischen Fakultät der Harvard-Universität, entstand aufgrund der Untersuchung der positiven Auswirkungen von Entspannung auf den Körper. Dabei konnte Benson nachweisen, dass sich bei regelmäßiger Entspannung der Körper in biochemischer Hinsicht langfristig verändert und dieser dadurch besser gegen die negativen Auswirkungen von Stress, also der Reaktion auf Belastungssituationen, gewappnet ist.

Das Wort »Training« verdeutlicht die Notwendigkeit, die mentalen Techniken regelmäßig, gezielt und systematisch anzuwenden und zu üben. Nur durch das Trainieren findet ein Lernprozess statt, der es ermöglicht, dass die Techniken in den Alltag integriert werden. Wie bei dem Erlernen einer neuen Sportart, des Fahrrad- oder Autofahrens bedarf es einer Zeit des bewussten Lernens und Übens, der sich eine Phase anschließt, in der die Grundlagen automatisch zur Verfügung stehen und nur noch eine Weiterentwicklung und Vertiefung des Könnens stattfindet. Erst durch die regelmäßigen Wiederholungen bilden sich mit der Zeit im Gehirn neue stabile neuronale Netze. Das Gehirn ist lebenslang formbar. Deshalb können hindernde Verhaltens- und Denkmuster abgebaut und förderliche Neuronenverbindungen im Gehirn durch Wiederholung gebildet werden.

Eine Voraussetzung des erfolgreichen Mentalen Trainings ist es, sich der eigenen gedanklichen Abläufe bewusst zu werden, innere Dialoge offen und ehrlich zu untersuchen, um destruktive Gedanken zu erkennen, diese zu hinterfragen und auf ihren Wahrheitsgehalt hin zu überprüfen, um sie dann bewusst durch unterstützende Gedanken zu ersetzen.

Mentales Training dient vor allem der Erreichung von Zielen und hilft auch bei der optimalen Vorbereitung auf besondere Situationen. Auch zur Findung geeigneter Lösungsstrategien im Fall neuer Herausforderungen ist Mentales Training wirkungsvoll. Die Vorgehensweise dabei ist, die Gedanken und Vorstellungen, die sich im Kopf abspielen, konstruktiv zu beeinflussen, da diese eine wesentliche Auswirkung auf die Emotionen und das tatsächliche Erleben haben. Aufbauende und stärkende Gedanken wirken sich förderlich auf die geistig-seelische Gesundheit aus. Durch eine optimale mentale Vorbereitung können alltägliche Anforderungen und Problemsituationen leichter bewältigt werden, innere Ruhe und seelische Ausgeglichenheit entstehen. Ebenso wesentlich ist, dass die eigenen Fähigkeiten und das persönliche Potenzial besser genutzt werden können, was die Selbstwahrnehmung und das Selbstbewusstsein deutlich stärkt.

Das Mentaltraining ist über den Einsatzbereich des Sports und über das Ziel der körperlichen Entspannung mittlerweile erfolgreich in den Alltag der Menschen vorgedrungen. Viele Manager, Führungskräfte und Spitzensportler setzen Mentales Training bereits nachhaltig ein, um ihre Ziele einfacher umzusetzen und ihr Potenzial besser zu nutzen.

Mentales Training kann wirkungsvoll mit der Unterstützung eines Mentaltrainers im Einzelcoaching sowie in Seminaren gelernt werden. Mit entsprechender Literatur und unterstützenden elektronischen Medien kann es auch eigenverantwortlich durchgeführt werden. Mentales Training richtet sich an seelisch Gesunde und sollte daher auch nur von diesen ohne fachliche Begleitung zur Förderung ihrer mentalen Stärke praktiziert werden.

1.2 Elemente des Mentalen Trainings

Wesentliches Element des Mentalen Trainings ist die *Visualisierung* und *Imagination*. Dabei werden bewusst innere Bilder erschaffen, die dem Wunschzustand entsprechen und dadurch die Veränderung hin zum Angestrebten oder das Erreichen eines Zieles unterstützen. Sich etwas im Geiste lebendig vorstellen zu können ist erlernbar und für das Mentale Training unabdingbar. Dabei wird damit begonnen, sich Gegenstände mit geschlossenen Augen vorzustellen, um dann in einem weiteren Schritt zur Vorstellung von Bildern und ganzen Handlungsabläufen überzugehen. Visualisierungen sind auch mit offenen Augen durchführbar. Angenehme Visualisierungen, zum Beispiel von reizvollen Naturmotiven, dienen dem allgemeinen Wohlbefinden. Hat der Mensch ein konkretes Vorhaben wie eine Prüfung oder ein Vorstellungsgespräch zu bewältigen, so stellt er sich dieses in einem inneren Film vor, so wie er es in optimaler Weise erleben möchte.

Je höher die allgemeine Belastung der Person ist, desto eher werden als weitere Elemente des Mentalen Trainings die *Konzentrations- und Wahrnehmungsübungen* einfließen.

Ein weiterer Bereich ist die Veränderung destruktiver in bestärkende *Glaubenssätze.* Unter Glaubenssätzen werden Überzeugungen verstanden, die als individuelle oder kollektive Meinungen für eine unumstößliche Wahrheit gehalten werden. Dabei sind diese Glaubenssätze über jeden Zweifel erhaben, sodass es auch keiner Überprüfung

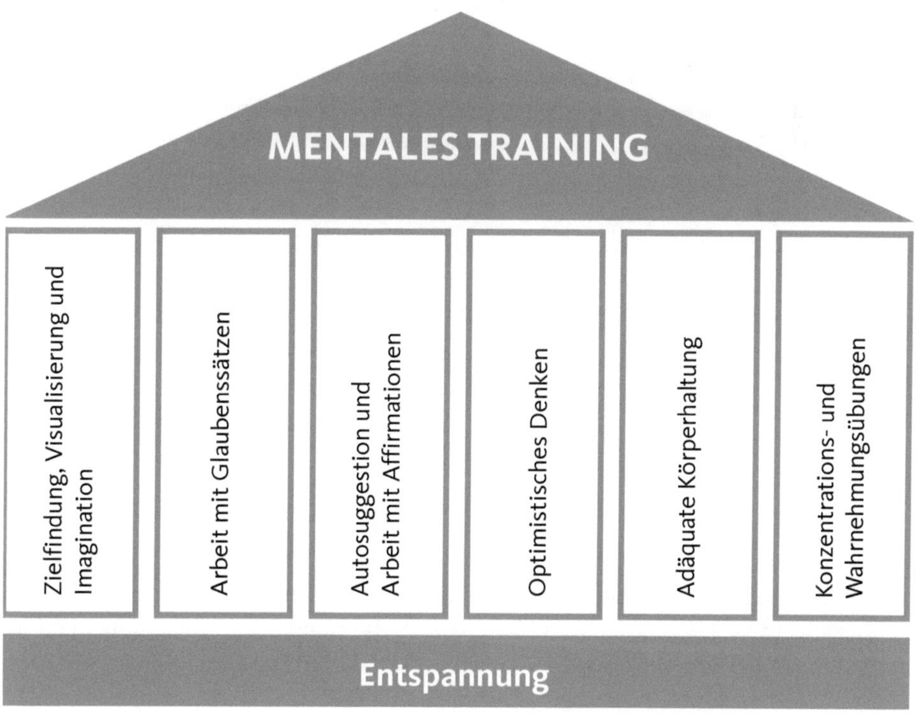

bedarf. Erst bei genauerem Betrachten kann der Mensch erkennen, dass diese Glaubenssätze häufig nur in der Einbildung feststehende Tatsachen sind. Jeder Mensch hat über sich selbst, andere Menschen und die Welt im Ganzen Glaubenssätze, die von der Kultur oder der Familie geprägt wurden. Einige davon sind hilfreich und förderlich, andere wirken hinderlich. Der erste Schritt zu ihrer Überprüfung ist das genaue Beobachten und Bewusstwerden der eigenen Gedanken und Urteile. Dies ermöglicht in einem zweiten Schritt die Veränderung und ein Ablegen der hindernden Glaubenssätze.

Zum Mentalen Training gehören ebenfalls die bewusste *Autosuggestion,* insbesondere individuelle *Affirmationen* als eine weitere wirkungsvolle Technik. Unter Affirmationen werden bekräftigende, aufbauende Gedanken verstanden. Diese wirken im Unterbewusstsein, stärken den Glauben an die eigene Kraft und fördern konstruktives Denken. Sie unterstützen die Menschen dabei, ihre Gedanken auf das zu richten, was sie sich wünschen und was sie erleben wollen.

Einen weiteren Teil des Mentalen Trainings stellt das *optimistische Denken* dar, welches mit einer Einstellungsänderung einhergeht. In einer Situation, die mehrere mögliche Szenarien bereithält, wird der mental starke Mensch seine ganze Aufmerksamkeit auf einen günstigen Ausgang fokussieren. In Abgrenzung zum positiven Denken bleibt die Sichtweise dabei jedoch realistisch.

Da die mentalen Techniken im entspannten Zustand am wirkungsvollsten sind, stellt das *Entspannungstraining* eine Voraussetzung für die erfolgreiche Durchführung des Mentalen Trainings dar. Durch regelmäßige Übung kann ein tieferer Entspannungszustand erreicht werden. Dass dies jedem Menschen möglich ist, zeigte Herbert Benson in seinen Untersuchungen. Er stellte fest, dass dem Menschen von Natur aus eine Entspannungsreaktion gegeben ist und diese jedem zur Verfügung steht. Während Stressreaktionen automatisch in Gang kommen, muss die allgemeine menschliche Fähigkeit der Entspannungsreaktion jedoch erst regelmäßig bewusst hervorgerufen werden, bevor sie automatisch abgerufen werden kann. Dann allerdings ist es möglich, mit diesem Entspannungsmechanismus eine gesundheitsfördernde Wirkung zu erzielen.

In jüngster Zeit rückt als weiterer Aspekt des erfolgreichen Mentalen Trainings die *Körperhaltung* mit ihren Auswirkungen auf die psychische Befindlichkeit des Menschen in das Interessenfeld wissenschaftlicher Untersuchungen. Um die Möglichkeiten des Mentalen Trainings effizient zu nutzen, ist es notwendig, den Körper aktiv mit einzubeziehen, sodass sich die innere Stärke im Außen manifestiert.

1.3 Kindermentaltraining

Kindermentaltraining ist, wie sich aus dem Namen bereits schließen lässt, das speziell auf Kinder ausgerichtete Mentale Training. Je früher Kinder und Jugendliche ihre mentalen Kräfte kennenlernen und Methoden an die Hand bekommen, mit denen sie ihr Wohlbefinden und ihr Selbstbewusstsein stärken können, desto mehr profitieren sie davon. Indem sie frühzeitig lernen, wie sie sich mental stärken und gute Gefühle

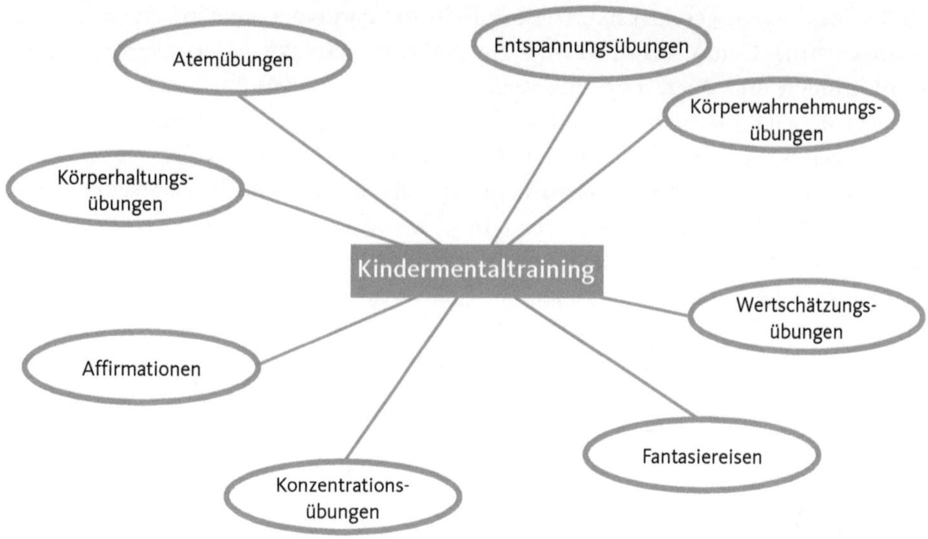

erleben können, entwickeln sie für die Bewältigung ihrer jetzigen und zukünftigen alltäglichen Herausforderungen eine stabile Basis.

Kindermentaltraining umfasst das Erlernen von Atemtechniken und das bewusste Entspannen. Es beinhaltet zudem Fantasiereisen und Übungen zur Konzentrationssteigerung und gegenseitigen Wertschätzung. Weiterhin kommen Körperwahrnehmungs- und Körperhaltungsübungen sowie der Einsatz von Affirmationen zum Tragen.

1.4 Zusammenhang von Wahrnehmung, Interpretation, Gedanken und Gefühl

> »Die Wahrnehmung und das Empfinden und das Denken und das Fühlen und die Stimmungen und die Körperhaltung und all das, was im Körper passiert, sind auch viel enger miteinander verbunden und aneinander gekoppelt, als bisher gedacht« (Hüther in Storch et al. 2006, S. 93).

Der Mensch nimmt, ohne dies bewusst zu steuern, in Sekundenschnelle Dinge in seiner Umgebung wahr, interpretiert diese, macht sich daraufhin seine Gedanken darüber, kommt meist sofort in die Bewertung, hält seine Meinung für wahr und fühlt sich dementsprechend gut oder schlecht. Dieser Vorgang vollzieht sich automatisch und unbewusst. Der Mensch reagiert mit eigenen Gefühlen auf das von ihm aufgrund seiner Glaubenssysteme *Für-wahr-Genommene* und Interpretierte. Welche Gedanken und Gefühle dabei entstehen, ist ganz wesentlich von der eigenen seelischen Grundeinstellung abhängig, die sich der Betroffene über sich und seine Lebenssituation im

Lauf seines Lebens gebildet hat. Diese entscheidet darüber, ob ein angenehmes oder unangenehmes Gefühl ausgelöst wird. Dabei führen destruktive Gedanken zu negativen Gefühlen und umgekehrt angenehme Gedanken zu Wohlbefinden. Angesichts gleichermaßen schwieriger äußerer Bedingungen ist es möglich, dass eine Person heiter und gelassen bleibt, während eine andere schon den Mut verliert.

So kann beispielsweise ein Mensch, der ein sehr starkes Selbstbewusstsein hat, auf ein Ignorieren durch eine andere Person beim Vorbeigehen mit dem neutralen Gefühl des Mitgefühls reagieren, da er das Verhalten des Gegenübers zum Beispiel als Folge von dessen Überlastung interpretiert. Verfügt ein Mensch nicht über dieses gesunde Selbstbewusstsein, leidet er gar unter Minderwertigkeitsgefühlen, so wird er dieses Ignorieren als Belastung oder Beleidigung empfinden, da er traurig darüber wird, dass er nicht gegrüßt wurde. Dementsprechend ist das Gefühl letztendlich weniger von dem Wahrgenommenen abhängig als von der eigenen Beurteilung, also den Gedanken. Diese Wechselwirkung hat auch einen direkten Einfluss auf das Handeln der Person und deren Umgang mit anderen.

Das Wahrnehmen kann sich selbstverständlich auch auf die eigene Person beziehen. Eine überkritische Selbstreflexion führt dann ebenso zu einer belastenden emotionalen Reaktion. In dem Maß, in dem diese tief gehenden Zusammenhänge einem Menschen bewusst werden, erkennt er seinen immensen Einfluss auf seine Gefühle und Reaktionen und seine eigene Verantwortung, die er für sich und sein Wohlbefinden trägt. Diesen Zusammenhang offenbart die deutsche Sprache hinsichtlich des Ärgerns mit dem ehrlichen Satz »Ich ärgere mich!«. Um zufrieden und glücklich zu sein, ist es wesentlich, dass wir mit unangenehmen Gefühlen sinnvoll umgehen und angenehme Gefühle entwickeln können.

Denken und Fühlen sind sehr eng miteinander verbunden. Dass Gedanken sich auf die Gefühle, das körperliche Empfinden sowie die seelische Befindlichkeit auswirken, können Sie direkt feststellen, indem Sie sich mit allen Sinnen in eine unangenehme Situation versetzen und sich dafür drei Minuten Zeit nehmen. Beobachten Sie, welche Gedanken in Ihnen entstehen, was Sie zu sich selbst sagen. Nehmen Sie auch Ihre Gefühle und Ihre Körperreaktionen wahr.

In der Regel werden Sie augenblicklich unangenehme Gefühle spüren können und mit einer sehr hohen Wahrscheinlichkeit die körperlichen Reaktionen erleben, die Ihnen auch in realen Stresssituationen häufiger widerfahren, zum Beispiel einen flachen Atem, Herzklopfen, Nackenverspannung, Kopfschmerzen oder Magendrücken.

Wenn Sie anschließend diese Vorstellungsübung mit einer angenehmen Situation wiederholen, zum Beispiel indem Sie sich einen schönen Spaziergang im Sommer, eine nette Begebenheit mit anderen Menschen oder einen gelungenen Urlaubstag vorstellen und sich alle Rahmenbedingungen in Erinnerung rufen, werden sich wohltuende Gefühle einstellen, Ihr Körper wird sich wieder entspannen und Sie werden sich wohlfühlen.

Mit dieser Übung lässt sich einfach zeigen, dass der Körper sofort auf die Gedankenwelt reagiert, auch wenn wir es häufig gar nicht merken. Trotzdem besteht diese enge Wechselwirkung immer zwischen unseren Gedanken und Vorstellungen einerseits und unserem körperlichen Befinden sowie unseren Gefühlen andererseits. Unser Unterbewusstsein reagiert auf Vorstellungen wie auf tatsächlich Erlebtes, nur etwas abgeschwächt, und beeinflusst dadurch die physische und psychische Ebene.

Die Wechselwirkungen zwischen Denken, Einstellung, Bewertung, Fühlen und Handeln nutzen die im 20. Jahrhundert entstandenen kognitiven Therapieverfahren, zum Beispiel die von dem einflussreichen Psychotherapeuten Albert Ellis (1913–2007) entwickelte »Rational-Emotive Verhaltenstherapie«. Indem wir unsere Gedankenprogramme, Wahrnehmungen und Interpretationen erkennen und bewusst verändern, haben wir die Möglichkeit, angenehmere Gefühle zu erleben und uns so zu verhalten, wie es gesünder für uns ist.

Ellis sammelte zwölf irrationale Überzeugungen, die sich seiner These nach insbesondere in der frühkindlichen Phase aufgrund ungünstiger Erfahrungen bilden und das weitere Leben negativ beeinflussen können. Beispielhaft für solche Denkfehler sind Übertreibungen, Überbewertungen, irreale Verallgemeinerungen, fehlerhafte Annahmen und Schlussfolgerungen zu nennen.

Damit Kinder selbstbewusst und glücklich sein können, ist es notwendig, dass sie Gefühle zulassen und mit der Vielzahl ihrer Gefühle konstruktiv umgehen können. Alle Gefühle haben einen Sinn. Auch die unerwünschten wollen wahrgenommen, bejahend gefühlt und angenommen werden.

1.5 Zusammenhang von Körperhaltung und seelischem Befinden

Was sich in Geist und Gehirn abspielt, wirkt sich unverzüglich auf den Körper aus und beeinflusst seine Reaktionen und sein Verhalten. Daher kann das Denken nicht von dem dazugehörigen Körper getrennt werden. Im Buch »Embodiment – Die Wechselwirkung von Körper und Psyche verstehen und nutzen« (Storch et al. 2006) wird der nicht zu unterschätzende Einfluss der Körperhaltung auf die Psyche dargestellt. Dass das psychische Empfinden eine Veränderung im Körperausdruck bewirkt, selbst wenn sich der Betroffene seines Gefühls gar nicht bewusst ist, ist bereits länger bekannt. Neuer ist die wissenschaftliche Feststellung, dass die Körperhaltung eine wesentliche Ursache für die psychische Empfindung ist. Daher ist es äußerst sinnvoll, sich zum einen der Wirkung des Körpers bewusst zu sein, diese stärker zu beachten und zum andern diese Mechanismen zugunsten des eigenen Wohlbefindens zu nutzen. So können wir unsere Körperhaltung ganz bewusst überprüfen und verändern und nehmen damit direkten Einfluss auf unsere Gefühle, Gedanken sowie unsere Haltung uns selbst gegenüber. Innere und äußere Haltung bedingen sich wechselseitig! Meist ist es als erster Schritt leichter, statt der Gedanken und Gefühle die Körperhaltung bewusst zu verändern.

1.6 Bedeutung des Kindermentaltrainings

Prägung durch die Familie

> »*Kinder werden als Riesen geboren,*
> *doch mit jedem Tag, der dann erwacht,*
> *geht ein Stück ihrer Kraft verloren,*
> *tun wir etwas, das sie kleiner macht.*
> *Kinder versetzen so lange Berge,*
> *bis der Teufelskreis beginnt,*
> *bis sie wie wir erwachs'ne Zwerge*
> *endlich so klein wie wir Großen sind!*«
>
> Reinhard Mey (aus »Du bist ein Riese, Max«)

Jeder Mensch wird in eine Familie hineingeboren, deren Ahnenreihe sich durch die Jahrhunderte zieht. Ohne Ausnahme haben alle Generationen ihre eigene Geschichte, ihr eigenes Gewissen, ihre eigenen Prägungen, Werte und Dogmen, nach denen sie sich richten. Jeder einzelne Vorfahre ist bzw. war auf der Erde ein Individuum – geprägt von denen, die vorher lebten. Diese Gesetzmäßigkeit trifft auf jeden Menschen zu. Die wissenschaftliche Forschung zeigt, dass vieles an die Nachkommen weitergegeben wird, auch im Hinblick auf Einstellungen, Gedanken und Gefühle, was sich wiederum auf die Handlungen auswirkt und damit das Leben prägt.

Ein Grund für die generationenübergreifende Weitergabe von Mustern und Verhaltensweisen ist die enge Begrenzung der Möglichkeit von Kindern, sich anders zu verhalten, als es die Erwachsenen für angemessen halten. Sie sind tatsächlich abhängig und brauchen Liebe und Versorgung, um zu überleben. Insbesondere die Sehnsucht nach Anerkennung und Zugehörigkeit ist neben Geboten und Vorschriften häufig dafür verantwortlich, dass sich ein Kind unbewusst weg von seinem eigentlichen, ursprünglichen Naturell entwickelt und immer mehr die Vorstellung der Erwachsenen erfüllt, indem es sich anpasst. Das Opfer, welches es dafür bringt, ist, die eigenen Gefühle vom Denken zu trennen. Erst dadurch ist das Kind zum Beispiel bereit, einem ihm unsympathischen Nachbarn regelmäßig die Hand zu geben, obwohl es dabei ein Unbehagen spürt. Das eigene Empfinden wird immer mehr unterdrückt, bis das Kind sein Gefühl irgendwann gar nicht mehr wahrnehmen kann. Der Motivator dafür ist die Angst vor Strafe oder vor Ablehnung. Das Wiederholen solcher Erlebnisse bewirkt eine Prägung der beteiligten synaptischen Verbindungen im Gehirn. Die Folge davon kann sein, dass auch Jahre später unbewusst Handlungen vollzogen werden, die sich völlig gegen die eigenen Gefühle richten.

Kinder lernen vieles anhand von Vorbildern. Sie imitieren einfach alles, was ihnen vorgelebt wird. Dadurch werden eingefahrene Wahrnehmungs-, Bewertungs- und Verhaltensmuster, geistige Haltungen und Vorstellungen von Generation zu Generation weitergegeben, denn auch die Eltern wiederholen automatisch das, was die Großeltern gemacht haben. Durch die häufige Wiederholung im Denken und Handeln bilden sich im Gehirn neuronale Netzwerke, die so stabil sind, dass sie dem Menschen lebenslang zur Verfügung stehen. Neue Erfahrungen und Eindrücke werden dann wiederum in diese Netze integriert.

Beispielsweise werden Kinder als Erwachsene später selbst in Situationen schnell sehr ärgerlich werden, in denen ein Elternteil oder beide auch oft schnell verärgert waren. Herrscht im Elternhaus jedoch eine offene Atmosphäre und wird den Nachkommen Raum gegeben, Neues auszuprobieren und Fehler zu machen, ohne dass sie verurteilt werden, haben es die Kinder leichter, zu selbstbewussten Erwachsenen zu werden.

Eine Veränderung der einschränkenden Muster und Glaubenssätze ist nur dann möglich, wenn sich die Nachfahren bewusst für einen neuen Weg entscheiden. Erst durch absichtliche Veränderungen besteht dann die Chance, das eigene Leben anders zu gestalten und Neues zu wagen. Durch Kindermentaltraining kann ein Kind frühzeitig die Erfahrung machen, dass es die Wahl hat, auch neue Wege zu gehen.

Stress im Alltag der Erwachsenen

Die körperliche Stressreaktion ist für den Menschen an sich wichtig und sinnvoll, um besondere Anforderungen oder gefährliche Situationen erfolgreich zu meistern. In der heutigen Zeit gibt es jedoch zu viele verschiedene Stressoren, welche die innere Balance aus dem Gleichgewicht bringen und den Menschen in akuten oder chronischen Spannungszustand versetzen können. Vor Stresserleben bleibt niemand verschont. Unabhängig von Alter, Schul- oder Berufsbildung, sozialem Status und momentaner Tätigkeit erleben die Menschen Druck und Belastung in unterschiedlicher Intensität.

In einer 2009 durchgeführten, repräsentativen Bevölkerungsbefragung, welche die Techniker Krankenkasse mit dem F.A.Z.-Institut durchgeführt hat, wurde deutlich, dass Stressempfinden in Deutschland zum Alltag gehört. Mehr als 80 Prozent der Deutschen leiden ab und zu unter Stress, ein Drittel sogar häufig unter einer Daueranspannung.

Leistungs-, Termin- und Zeitdruck, Belastungen im Privat- und Berufsleben, wachsende Anforderungen am Arbeitsplatz, Überstunden, Informationsüberflutung, ständige Erreichbarkeit durch die elektronischen Medien, Betreuung älterer Angehöriger und finanzielle Sorgen sind nach eigenen Angaben die Stressoren, unter denen die Menschen hauptsächlich leiden.

Sind Eltern überstrapaziert, ist die Wahrscheinlichkeit höher, dass auch der Umgang mit den Kindern darunter leidet. Unter Umständen vergreifen sie sich im Ton oder ein unschönes Wort fällt. Erwachsene vergessen oft, dass auch sie nur eine begrenzte Menge an Kraft haben und diese regelmäßig aufgefüllt werden sollte. Je länger ein Anspannungszustand andauert, desto höher steigt der Regenerationsbedarf. Die meisten Erwachsenen schieben ihre Erholung auf das Wochenende oder noch weiter hinaus auf den kommenden Urlaub. Dies entspricht nicht dem physiologischen Bedürfnis des Körpers nach regelmäßigen, wenn auch nur kurzen Erholungspausen. Je seltener Pausen zur wirklichen Entspannung vorhanden sind, desto umfangreicher wird der Bedarf an der insgesamt benötigten Erholungszeit. Außerdem ist nach einem Urlaub die Erholung bei den meisten Menschen schnell wieder verflogen. Es ist deshalb notwendig, sich im Alltag regelmäßig kurze Regenerationsphasen zu geben. Dabei kann es schon genügen, wenn hierfür jeweils nur wenige Minuten zur Verfügung stehen.

Fast die Hälfte der Deutschen geht davon aus, dass sie sich entspannen, indem sie fernsehen, am Computer agieren oder spielen bzw. sich exzessiv beim Sport verausgaben. Dass dies ein Trugschluss ist und statt Entspannung nur eine Verdrängung sowie Zerstreuung stattfindet und noch mehr Stresshormone produziert werden, zeigen wissenschaftliche Untersuchungen. Ein Großteil der Menschen bevorzugt sportliche Betätigungen, was zur positiven Stimulierung des Immunsystems beiträgt, aber nicht mit der Wirkungsweise der Entspannung vergleichbar ist, die im Mentalen Training möglich ist. Geschieht Sport unter Leistungsdruck, erhöht sich sogar die Belastung. Vor dem Fernseher liegend einen Film zu sehen lässt alle während des Tages entstandenen Stresshormone im Körper verharren, obwohl deren Abbau für die Gesundheit wichtig wäre. Handelt es sich beim konsumierten Fernsehprogramm dann noch um eine spannende Sportveranstaltung, einen Kriminal- oder gar Horrorfilm, erbringt das Gehirn Höchstleistungen, und der Körper schüttet weitere belastende Stresshormone aus.

Dass kaum ein Erwachsener wirklich abschalten kann, liegt daran, dass die wenigsten gelernt haben, wie sie sich wirklich entspannen oder wie sie innerlich zur Ruhe kommen können. Dies ist in erster Linie durch Entspannungsmethoden und angemessene, wohldosierte sportliche Betätigung und Bewegung möglich. Immerhin 15 Prozent der Deutschen nutzen wirkungsvolle Entspannungstechniken wie Autogenes Training oder Yoga und profitieren davon durch ein höheres Wohlbefinden und einen besseren Gesundheitszustand (Techniker Krankenkasse et al. 2009, S. 6 und 28).

Wenn Kinder effiziente Entspannungstechniken im Mentalen Training lernen, können sie diese auch als Erwachsene zu ihrem eigenen Wohl anwenden und der nächsten Generation vorleben, wie eine gesunde Work-Life-Balance funktionieren kann.

> »Viele Eltern müssen erst noch lernen, dass es genauso wichtig ist, für sich selbst wie für die Kinder zu sorgen. Tatsächlich tun Sie mehr für Ihre Kinder, wenn Sie jeden Tag etwas Zeit für sich selbst (Ihre Gesundheit, Ihre Entspannung) reservieren, als wenn Sie ununterbrochen im Dienste Ihres Kindes stehen« (Biddulph 2009, S. 40).

Dies gilt natürlich auch für alle, die mit Kindern arbeiten! Es ist für Sie ein großer Gewinn, wenn Sie sich Zeit für sich und Ihr Wohlbefinden gönnen und selbst effektive Entspannungstechniken anwenden, um sich mental in Balance zu bringen.

Neben der Vorstellungswelt und den Verhaltensmustern übernehmen Kinder auch das Kommunikationsverhalten der Erwachsenen. Ist dieses liebevoll und konstruktiv, wirkt sich dies stärkend auf die Kommunikation aus.

Denkmuster entstehen in der Kindheit

Der Mensch denkt – und zwar Zehntausende Gedanken täglich (Mohr/Clemens 2005). Meist denkt er nichts Neues, sondern er durchläuft immer wieder die gleichen Denkprozesse und oft merkt er es noch nicht einmal. Wenn dieses Denken und damit verbunden das gesprochene Wort sowie die Handlungen konstruktiv, aufbauend, liebevoll und wertschätzend sind, dann ist dieser Mensch glücklich, zufrieden und selbstsicher. Häufiger ist es leider so, dass Menschen sich mit ihren Gedanken belasten, mit ihren Beurteilungen niedermachen und durch ihre Befürchtungen kleindenken. Durch die Verbreitung des Mentalen Trainings auf den Wegen Sport und Literatur und durch den relativ neuen Beruf des Mentaltrainers wird die Kraft der Gedanken heute vermehrt genutzt. Diejenigen, die Mentales Training für sich entdeckt haben, üben, das automatische destruktive Denken durch aufbauende Gedanken zu ersetzen und dadurch ihrem Leben eine vielversprechende Ausrichtung zu geben.

Während die Erwachsenen damit ein Werkzeug an der Hand haben, sich und ihr Leben konstruktiv zu verändern, ist das Angebot für Kindermentaltraining bisher noch nicht weit verbreitet. Kindermentaltraining ist besonders wichtig, da in der Kindheit die Basis für das Denken gelegt wird, mit dem das Kind auch noch als Erwachsener leben wird. Insbesondere kritische Selbstgespräche stellen eine starke Beeinträchtigung des Wohlbefindens dar. Denkt der Mensch viele kritische und selbstbewertende Gedanken, vielleicht sogar selbstabwertende Gedanken wie »Ich bin faul«, schadet er seinem Selbstwertgefühl und dadurch seiner Lebensqualität.

Viele dieser Gedanken entstehen automatisch, werden nicht bewusst formuliert und oft auch gar nicht bemerkt. Eine positive Beziehung zu sich selbst ist allerdings die Basis für ein gesundes seelisches Gleichgewicht. Der Verstand ist darin geübt, alles, was er wahrnimmt, sofort zu bewerten. Daher bleibt es auch nicht aus, dass die Bezugspersonen des Kindes das beurteilen oder sogar verurteilen, was das Kind unternimmt, sagt oder fühlt. Das Kind speichert all diese Äußerungen im Unterbewusstsein ab oder entnimmt die Bewertungen den Regungen in der Mimik, Gestik und Körperhaltung der Erwachsenen und schließt daraus, wer es ist.

In der Kindheit entstehen die Glaubenssätze über das eigene Selbst, welche am hartnäckigsten das Leben prägen und eigentlich fremde Meinungen widerspiegeln. Dies können ganz konkrete, auf die eigene Persönlichkeit bezogene sein, wie »Ich bin zu nichts zu gebrauchen« oder ganz allgemeiner Natur wie »Im Leben wird einem nichts geschenkt« oder »Das gehört sich so«. Albert Ellis spricht gar von einer gesellschaftlichen und familiären Indoktrinierung, die dazu führt, an abergläubische und unsinnige Ideen zu glauben, nach ihnen zu leben, sie an die Kinder weiterzugeben, und dies in der Regel alles, ohne diese Wertvorstellungen und Ideale überhaupt einmal ernsthaft überprüft oder infrage gestellt zu haben.

Tatsächlich beeinflussen tief sitzende Glaubenssätze das reale Erleben ganz konkret. Jemand, der immer wieder hörte, dass die Welt voller Gauner und Verbrecher sei, wird viel eher mit solchen auch als Erwachsener konfrontiert werden als jemand, dem solch ein Gedanke fremd ist.

Ohne es zu registrieren, wiederholen wir oft jahrzehntelang innerlich die Glaubenssätze, Meinungen und Überzeugungen, die wir in der Kindheit von uns nahestehenden Erwachsenen übernommen haben.

> »Unbewusst wiederholen Menschen in ihrer Kindheit entstandene und im späteren Leben immer wieder verfestigte Erlebens- und Verhaltensmuster. Die dabei aktivierten neuronalen Muster verstärken sich durch jede dieser Wiederholungen. Wenn jemand von sich sagt ›so bin ich‹, so bedeutet das aus der Sicht der Hirnforschung nur, dass er oder sie unbewusst die Struktur seines Erlebens und Verhaltens durch den ständigen Wiederaufruf der früher einmal entstandenen, alten Muster stabilisiert« (Hüther in Storch et al. 2006, S. 92).

Da dies alles sehr subtil und unterbewusst wirkt, ist ein sehr genaues Reflektieren nötig, um blockierende Glaubenssätze zu verändern. Erst in der Auseinandersetzung mit der inneren Stimme wird oft deutlich, dass diese das wiederholt, was in der Kindheit gehört wurde. Wenn der Mensch das erkennt, kann er sich dank der Anpassungsfähigkeit und Umbaufähigkeit des Gehirns für neue, wertschätzende und liebevolle Gedanken und Muster entscheiden.

> »Nun zeigt uns aber die Hirnforschung, dass wir uns zu jedem Zeitpunkt unseres Lebens auch neu konstruieren können, indem wir irgendeines dieser alten motorischen, sensorischen oder affektiven Muster verlassen, also anders zu sehen, zu fühlen oder zu handeln beginnen als bisher. Und wenn es gelingt, auf einer dieser Ebenen ein neues Muster auszubilden, so werden alle anderen Ebenen davon gleichsam ›mitgezogen‹. Wenn wir damit beginnen könnten, die Welt anders als bisher zu betrachten oder anders zu denken, wenn es uns gelänge, nicht immer mit den gleichen Gefühlen auf dieselben Auslöser zu reagieren oder vielleicht auch nur eine andere Körperhaltung einzunehmen, so hätte das enorme Folgen für alles, was auf der ›Baustelle Gehirn‹ passiert. Dann würden nicht nur diejenigen neuronalen Verschaltungsmuster umgebaut, die an dieser neuen Leistung beteiligt sind, sondern ebenso auch alle anderen, die damit auf irgendeine Weise in Verbindung stehen« (Hüther in Storch et al. 2006, S. 92).

Glücklicherweise gibt es auch positive Glaubenssätze, die in der Kindheit ebenso unkritisch übernommen werden und vielen zu einem erstaunlichen Selbstwertgefühl verhelfen. Die Gedanken »Ich bin schön, schlau und erfolgreich« lassen einen Menschen heranwachsen, der von sich in positiver Weise überzeugt ist. Auch der Glaube, dass sich jeder Knoten von selbst löse, kann ein Motto sein, das jemanden durch sein ganzes, langes Leben trägt.

Gedanken zu ändern ist wie uralte Gewohnheiten abzulegen: Es ist nicht immer einfach und zudem oft mit intensivem Training verbunden! Je länger und häufiger wir destruktive Denk-, Gefühls- oder Verhaltensweisen wiederholen, desto tiefer sind sie im Gehirn verankert und desto schwerer ist die Veränderung. Viel einfacher wäre es, wenn Erwachsene negative Programmierungen bei Kindern von Anfang an vermieden und wenn bereits Kinder lernten, aufbauende und fördernde Gedanken zu denken. Wenn die Kinder durch die Erwachsenen oder im Mentalen Training durch die positiven Affirmationen hören, dass es auch die Möglichkeit gibt, aufbauende, wertschätzende Gedanken zu erschaffen, haben sie die Wahl und können sich für konstruktive Gedanken entscheiden, die ein angenehmes Gefühl auslösen.

Wenn Kinder stärkende Gedanken von klein auf kennen und den ein oder anderen davon verinnerlichen, dann wird ihr Selbstbewusstsein nachhaltig gestärkt.

Destruktive Konditionierung und hypnotische Beeinflussung

> »Viele Menschen sind zum Unglücklichsein programmiert worden. Man hat ihnen als Kindern – unabsichtlich – beigebracht, unglücklich zu sein. Und sie leben diese Rolle der Unglücklichen bis an ihr Lebensende weiter« (Biddulph 2009, S. 12).

Leider ist die vorhandene Gedankenbasis eines Erwachsenen oft alles andere als unterstützend. Die Wurzeln seines eigenen negativen Denkens wurden oft bereits im Kindesalter gebildet. Was die Eltern und Erwachsenen sagen, ist für Kinder die Wahrheit, denn sie können diese Aussagen in den ersten Lebensjahren nicht hinterfragen oder finden sicherlich sogar ein konkretes Beispiel, welches dem Urteil der Erwachsenen recht gibt. »Du bist dumm« ist dann keine Aussage, die auf ein Missgeschick beschränkt bleibt, sondern eine für das Kind allgemeingültige Tatsache, mit der der kleine Mensch ab sofort zu leben hat. »Du bist unmöglich« hört das Kind nicht als unbedachten Satz eines gestressten Erwachsenen, der mit seiner eigenen Arbeit womöglich überfordert ist, sondern als Wahrheit, die es unterschwellig sein Leben lang mit sich trägt.

Selbst wenn die Kinder sich wehren und widersprechen – die Botschaft dringt in ihr Unterbewusstsein und wirkt dort unbemerkt weiter. Da in Zeiten der Überforderung oder des anhaltenden Stresses negative Äußerungen meistens mit deutlichem Nachdruck laut gesagt oder sogar gebrüllt werden, kommen sie viel glaubwürdiger beim Nachwuchs an als die liebevollen Botschaften, die zudem von vielen Eltern seltener geäußert werden. Eltern machen das nicht aus bösem Willen – im Gegenteil, sie möchten das Allerbeste für ihre Kinder. Aufgrund der selbst genossenen Erziehung wiederholen die meisten das selbst Erlebte gegenüber den eigenen Kindern. Gerade in den Momenten des »Außer-sich-Seins« vor Überforderung und Stress ruft das Unterbewusstsein leichter das ab, was während der Kindheit abgespeichert wurde. Vielleicht nutzen Eltern Ablehnung auch als bewusstes Erziehungsmittel in der Überzeugung, dass dies ein sinnvoller und richtiger Weg sei.

Erwachsene, die unter finanziellem Mangel leiden, haben zuweilen einen Glaubenssatz verinnerlicht, der sie daran erinnert, nichts wert oder zu teuer zu sein. Wer als Kind immer gehört hat, dass sein Lebensunterhalt oder seine Ausbildung zu teuer sei, wird auch als Erwachsener eher Probleme haben, eine Gehaltserhöhung zu fordern, als jemand, der sowohl sich als auch Geld gegenüber eine neutrale oder gar positive Einstellung einnimmt.

Ein konkretes Beispiel aus dem schulischen Bereich: Eine junge Auszubildende berichtet, dass sie eine Zwillingsschwester habe. Diese sei brünett, während sie selbst blonde Haare hat. Ihre Eltern hätten ihr häufig gesagt, dass die brünette Schwester aufgrund ihrer Haarfarbe viel schlauer sei als sie. Sie sagt etwas resigniert, dass ihre Schwester das Abitur macht, während sie die Hauptschule besucht hat. Dieses Beispiel zeigt in beeindruckender Weise, welche Macht das elterliche Wort hat. Diese junge Frau erhält durch Mentales Training und die Arbeit an ihren Glaubenssätzen die Möglichkeit, diese blockierende, angebliche Realität zu verändern. Immer mehr Menschen machen genau dies und erleben schnell spürbare Veränderungen in ihrem Leben.

Kinder sind sehr intelligent. Sie werden mit einer allumfassenden Liebe geboren und sind völlig offen für alles, was ihnen entgegengebracht wird. Sie sind schlauer, als viele denken. Wenn ein Kind traurig ist, weil ihm das Geschwisterkind ein Spielzeug weggenommen hat, und die Mutter sagt: »Du brauchst nicht traurig sein«, dann spürt das Kind die Differenz zwischen dem, was es fühlen soll, und dem, was es tatsächlich fühlt. Es wird daraus die logische Konsequenz ableiten, dass mit ihm etwas nicht in Ordnung sei. Und dieses nicht direkt fassbare Urteil wird mitunter sein weiterer Lebensbegleiter. Für die Entwicklung der Kinder sind alle Gefühle jedoch sehr wichtig und haben ihren Sinn. Es ist daher vernünftiger, wenn Erwachsene die Gefühle der Kinder ausdrücklich bejahen. Kein Gefühl ist verboten, wenn kein anderer dabei zu Schaden kommt. Wesentlich ist auch, dass der Gefühlssprachschatz der Kinder gefördert wird, damit sie ihre Gefühle verbal zum Ausdruck bringen können.

Je nach Familie gibt es typische Sätze, die im Alltag wiederholt werden. Wenn ein Kind den Satz »Du bist schuld« mehrfach zu hören bekommt, ist es möglich, dass sich ein diffuses Schuldgefühl entwickelt, welches das weitere Leben mitbestimmt. Kann ein Kind den hohen Anforderungen der Erwachsenen nicht entsprechen, können sich ebenfalls Gefühle der Unzulänglichkeit und Schuld entwickeln. Ist ein »Schäm dich« die übliche Aufforderung, wenn das Kind in den Augen der Erwachsenen nicht richtig gehandelt hat, wird Schamgefühl dem Kind bald nicht mehr fremd sein. Neben den gesagten Worten spielt auch die bewusste bzw. unbewusste Körpersprache der Bezugspersonen eine große Rolle.

Im Vergleich mit anderen, insbesondere mit den Erwachsenen, kann es vorkommen, dass sich Kinder klein und schwach fühlen und dementsprechend abwertende Gedanken über sich entwickeln. Auch andere Kinder sind nicht immer freundlich und wohlgesonnen und können mit ihren manchmal bösen Kommentaren tiefe Einschnitte in das Selbstbewusstsein eines Kindes verursachen.

Nach dem Psychologen und Familientherapeuten Steve Biddulph werden Kinder unabsichtlich zum Unglücklichsein programmiert. Im Unterbewusstsein wird alles gespeichert, was jemals gehört oder erfahren wurde. Werden Erwachsene danach gefragt, was die Bezugspersonen ihrer Kindheit Abwertendes zu ihnen sagten, können sie sogar noch im hohen Alter diese Sätze, die ihr eigenes Denken und Leben so sehr mitbestimmt haben, wörtlich wiederholen. Diese Urteile wurden verinnerlicht und wirken dann oft unerkannt weiter. Die Bewertungen des eigenen Handelns, Denkens und Fühlens durch wichtige Bezugspersonen prägen das Selbstbild des Kindes, hindern als destruktive Glaubenssätze die Ausschöpfung des eigenen Potenzials und beeinflussen langfristig die gesamte Persönlichkeit. Kinder fühlen sich nicht nur bei der direkten Äußerung schlecht, das Gesagte wirkt vielmehr auch später weiter. Sie lernen unter Umständen durch diese unbedacht hingesagten, abwertenden Äußerungen, sich selbst nicht zu mögen, was sich negativ auf das weitere Leben auswirken kann.

Der menschliche Geist und sein Unterbewusstsein können im Alltag nebenbei, unbeabsichtigt und unbemerkt durch wiederholte Sprechmuster programmiert werden. Die Eltern hypnotisieren ihre Kinder mit den wiederholt ausgesprochenen »Du bist«-Sätzen oder allgemeineren Aussagen wie »Das wird noch böse enden mit dir« oder »Ohne Sinn und Verstand«.

> »Zufällige Hypnose jedoch ist so alltäglich, dass Eltern – ohne es zu merken – ihren Kindern Botschaften einimpfen, die ein Leben lang fortwirken, wenn sie nicht deutlichem Widerspruch begegnen« (Biddulph 2009, S. 20).

Herabsetzende Du-Botschaften

Der Kommunikationswissenschaftler Friedemann Schulz von Thun hat die allgemeine Psychologie der Kommunikation untersucht und dabei mit seinem »Vier-Seiten-Modell« der zwischenmenschlichen Kommunikation deutlich gemacht, dass es in jeder Gesprächssituation und in jeder vom Sender zum Empfänger transportierten Nachricht vier Aspekte gibt, die es zu unterscheiden gilt. Dies sind der nüchterne Sachinhalt, der wertende Beziehungsaspekt, der Selbstoffenbarungsaspekt sowie der Appell.

Der Beziehungsaspekt enthält eine deutliche oder verschleierte, von dem Psychologen Thomas Gordon (1918–2002) so benannte Du-Botschaft. Je nachdem, wie der Sender den Empfänger anspricht, bringt er zum Ausdruck, was er von ihm hält. Dementsprechend fühlt sich sein Gegenüber entweder akzeptiert sowie vollwertig behandelt und hört ein Lob, oder er fühlt sich herabgesetzt, bevormundet und nicht ernst genommen. Dann hört er eine Kritik. Formulieren die Erwachsenen eine direkte Du-Botschaft wie zum Beispiel »Du bist ein Schmutzfink«, so nimmt das Kind dies als gegeben hin und glaubt, ein Schmutzfink zu sein. Die Kinder hören aber auch die indirekten Du-Botschaften, die erst aus dem Gesagten abgeleitet werden müssen. Sagt ein Elternteil zum Beispiel »Hier sieht es wieder unmöglich aus«, kann das Kind schnell kombinieren, dass hier eine Kritik versteckt ist, und folgert, dass es selbst als Kind nicht in Ordnung sei. Kinder merken sich das und lernen so, was sie angeblich sind.

Schleichend und unbewusst wird das Selbstwertgefühl durch abfällige Du-Botschaften herabgesetzt. Es gibt immer wieder Schülerinnen und Schüler, die auf dem sogenannten »Beziehungsohr«, welches das Entschlüsseln der negativen Du-Botschaften ermöglicht, besonders gut hören. Dann kann die Lehrkraft sagen, was sie will, auch wenn es als ein Lob gedacht war, die Schülerin bzw. der Schüler wird aufgrund ihres bzw. seines Minderwertigkeitsgefühls immer eine Kritik heraushören. Möglicherweise hat diese Person von Erwachsenen wenig Positives über sich gehört und hält dies deshalb gar nicht für möglich.

Eltern können sich das Ziel setzen, Du-Botschaften ganz zu vermeiden. Sie sind in der Regel wenig hilfreich. Wenn Eltern zu ihrem Kind sagen, es sei faul, dann ist dies eine globale Aussage, die so nicht haltbar ist. Vielleicht hat das Kind seine Hausaufgaben nicht erledigt, den Müll nicht hinausgetragen oder nicht aufgeräumt. Sicherlich hat es aber etwas anderes getan, vielleicht mit der Freundin telefoniert oder sich entspannt. Und sicher gibt es Bereiche, in denen das Kind sehr wohl aktiv und engagiert ist, möglicherweise in der Pflege eines Haustieres. Allgemeine Aussagen wirken wie eine Hypnose. Sie neigen dazu, dass sie in das Unterbewusstsein eindringen und dort dafür sorgen, dass der Mensch sie auch in die Realität umsetzt. Das Kind, dem immer wieder deutlich gesagt wurde, wie faul es sei, wird dann leichter zu einem Erwachsenen, der überzeugt ist, faul zu sein, und aus dieser Annahme heraus wird er es schwer haben, sich als ein selbstbewusster, fleißiger Erwachsener zu fühlen.

Wenn Sie schnell dazu neigen, mit Du-Botschaften andere Menschen auf Eigenschaften festzulegen, und Sie sich die Angewohnheit zu bewerten abgewöhnen wollen, könnte das Erlernen der Technik »The Work« nach Byron Katie für Sie ein wirkungsvoller Weg sein, Glaubenssätze, Du-Botschaften und Gedanken kritisch zu hinterfragen und den eigenen Entwicklungsprozess sinnvoll zu unterstützen. Der Schriftsteller und Journalist Moritz Boerner hat diese Technik in seinem Buch »Byron Katies The Work« ausführlich und gut verständlich erklärt. Für das Abgewöhnen negativer Du-Botschaften genügt es bereits, sich selbst immer wieder zu fragen, ob die getroffene Aussage wirklich ganz sicher allgemeingültig wahr ist. Beispielsweise ist »Du bist doof« generell nicht richtig und daher eine Lüge. Wenn Sie sich dann noch in das Kind hineinversetzen und sich fragen, wie es sich bei solch einer Aussage eines Erwachsenen fühlen muss, werden Sie dies sicherlich nicht verantworten wollen. Vielleicht spüren Sie selbst, dass Sie sich auch nicht gut fühlen, wenn Sie so etwas Abwertendes sagen. Aber auch scheinbar harmlose Aussagen wie »Du nervst« oder »Du bist anstrengend« pflanzen sich in die Kinderseele ein wie ein Samen, der irgendwann aufgehen wird, um das Gesagte zu bestätigen.

Erwachsene sollten auch untereinander nicht in dieser Weise über ihre Kinder sprechen, denn diese hören viel mehr, als oft vermutet wird.

> »Wenn Sie also über Ihre Kinder reden, sollten Sie sich im Klaren darüber sein, was Sie sagen wollen. Auch das ist ein direkter Draht zu ihrem Geist. Warum nutzen Sie nicht diesen direkten Draht? Sprechen Sie aus, was Ihnen an Ihrem Kind gefällt, und teilen Sie es anderen mit, wenn der Nachwuchs in Hörweite ist« (Biddulph 2009, S. 30).

In einem Eltern-Schüler-Gespräch ist es keine Seltenheit, dass ältere Schüler von sich selbst behaupten, faul zu sein. Dies wird gerne als einfache und logische Erklärung dafür verwendet, weshalb die Hausaufgaben nicht gemacht werden. Im Gespräch kommt aber gleichzeitig heraus, dass der Schüler dreimal die Woche jeweils sechs Stunden im Supermarkt jobbt, im Sportverein tätig oder ehrenamtlich engagiert ist. Diese Schüler sind also sogar sehr aktiv! Dass sie faul seien, glauben sie aber trotzdem und haben ein ganz falsches Selbstbild aufgebaut. Die Du-Botschaft »Du bist faul« wurde im Laufe der Kindheit zu einem Glaubenssatz über das eigene Ich. Da er als Wahrheit gilt, hat es der Schüler schwerer, an seinem Verhalten etwas zu ändern. Ganz nach dem Motto: Wer von Natur aus faul ist, hat eben Pech gehabt! Wenn der Schüler stattdessen realistisch erkennen würde, dass er nicht faul ist, sondern bisher einfach nur andere Prioritäten hatte, wäre es leichter für ihn, in Zukunft etwas an seiner schulischen Arbeitshaltung zu ändern. Gedanken und Worte bestimmen das Leben entscheidend mit!

Nach dem bekannten Konfliktmediator und Begründer der Gewaltfreien Kommunikation Marshall B. Rosenberg gibt es keine faulen Menschen, und auch andere den Charakter betreffende allgemeine Aussagen sind falsch. Wie im Kapitel zum Zusammenhang von Wahrnehmung, Interpretation, Gedanken und Gefühl (S. 11 f.) erläutert, läuft bei Menschen das Beobachten und Interpretieren bzw. Bewerten meistens blitzschnell und parallel ab. Wenn die Mutter ihren Sohn beispielsweise Musik hörend auf dem Sofa sieht, hat sie möglicherweise sogleich die Bewertung im Kopf, dass dies nicht in Ordnung sei, dass der Junge eigentlich seine Hausaufgaben machen müsste, dass es ein fauler Sohn sei. Vielleicht ist ihr selbst diese abwertende Beurteilung nicht bewusst, aber im Tonfall und im Appell, endlich etwas für die Schule zu tun, kommt diese Meinung deutlich zum Ausdruck. In der Gewaltfreien Kommunikation ist daher der erste zu übende Schritt, dass Beobachtung und Bewertung bewusst auseinandergehalten werden und Urteile in Gefühle und Bedürfnisse übersetzt werden. So könnte die Mutter sagen: »Wenn ich dich hier auf dem Sofa sitzen sehe, dann mache ich mir Sorgen darüber, dass du die Schule vernachlässigen könntest«. Der Unterschied zwischen Bewertungen und Beobachtungen wird in einem Lied von Ruth Bebermeyer (in Rosenberg 2005, S. 47) deutlich dargestellt:

> »Ich habe noch nie einen faulen Mann gesehen;
> ich habe schon mal einen Mann gesehen,
> der niemals rannte, während ich ihm zusah,
> und ich habe schon mal einen Mann gesehen,
> der zwischen Mittag- und Abendessen manchmal schlief,
> und der vielleicht mal zu Hause blieb an einem Regentag,
> aber er war kein fauler Mann.
> Bevor du sagst, ich wär' verrückt,
> denk mal nach, war er ein fauler Mann, oder hat er nur Dinge getan,
> die wir als ›faul‹ abstempeln?

Ich habe noch nie ein dummes Kind gesehen;
ich habe schon mal ein Kind gesehen,
das hin und wieder etwas gemacht hat, was ich nicht verstand,
oder etwas anders gemacht hat, als ich geplant hatte;
ich habe schon mal ein Kind gesehen,
das nicht dieselben Orte kannte wie ich,
aber das war kein dummes Kind.
Bevor du sagst, es wäre dumm,
denk mal nach, war es ein dummes Kind,
oder hat es einfach nur andere Sachen gekannt als du?

Ich habe mich so intensiv wie nur möglich umgesehen,
habe aber nirgendwo einen Koch entdecken können;
ich habe jemanden gesehen, der Zutaten kombiniert hat,
die wir dann gegessen haben.
Jemanden, der den Herd angemacht und aufgepasst hat,
dass das Fleisch auf dem Feuer gar wird.
Das alles habe ich gesehen, aber keinen Koch.
Sag mir, wenn du hinschaust,
ist das ein Koch, den du siehst,
oder siehst du jemanden Dinge tun, die wir ›kochen‹ nennen?

Was die einen faul nennen,
nennen die anderen müde oder gelassen,
was die einen dumm nennen,
ist für die anderen einfach ein anderes Wissen.
Ich bin also zu dem Schluss gekommen,
dass es uns allen viel Wirrwarr erspart, wenn wir das, was wir sehen,
nicht mit unserer Meinung darüber vermischen.
Damit es dir nicht passiert, möchte ich noch sagen:
Ich weiß, was ich hier sage, ist nur meine Meinung.«

Ehrliche Ich-Botschaften

Eine gute Lösung ist, immer mehr von den Du-Botschaften abzukommen. Selbst wenn die Bezugsperson mit dem Gesagten das Beste für das Kind erreichen möchte, zum Beispiel es so zu beeinflussen, dass es das ihrer Meinung nach Richtige unternimmt, hinterlassen negative Du-Botschaften beim Kind Prägungen, die Nachteile mit sich bringen, welche der Wert des Ziels nicht aufheben kann. Statt der abwertenden Du-Botschaften setzen Sie einfach vermehrt ehrliche Ich-Botschaften ein. Diese fallen unter den Selbstoffenbarungsaspekt des von Friedemann Schulz von Thun entwickelten »Vier-Seiten-Modells«, da sie etwas vom eigenen Innen- und Gefühlsleben preisgeben. Dadurch bleibt der Erwachsene ganz bei sich und bei seinem Empfinden und beurteilt nicht das Kind.

Nicht nur, dass sich Bewertungen wie zuvor beschrieben nachteilig auf den Selbstwert des Kindes auswirken können und die fürsorgliche Achtung, das liebevolle Miteinander und das gegenseitige Verständnis untergraben, sie sind noch nicht einmal erfolgreich, was das angestrebte Ziel des Erwachsenen betrifft. Der Psychologe Thomas Gordon veranschaulicht dies sehr verständlich in seinem Erziehungsbestseller »Familienkonferenz«. Da sich das Kind angegriffen fühlt, werden Widerstand und Rebellion den Bezugspersonen den Umgang mit dem Kind erschweren. Das lange verfolgte Erziehungskonzept, Kindern zu sagen, sie seien schlecht und müssten sich bessern, hat ausgedient und darf einem sinnvolleren weichen.

Viel authentischer und angemessener ist es daher, wenn der Erwachsene in Ich-Botschaften seine momentanen Gefühle, Sorgen oder Bedenken äußert. Aus einem »Du bist faul« wird dann »Wenn ich sehe, dass du im Moment nichts für die Schule tust, mache ich mir große Sorgen um deine berufliche Zukunft« oder »Ich bin unzufrieden wegen der Unordnung, und ich möchte, dass es hier ordentlich ist«. Das Kind hat dann keine Beleidigung zu verkraften, die in sein Unterbewusstsein sickert, und muss sich nicht rechtfertigen, sondern kann auf die Selbstoffenbarung des Erwachsenen eingehen, Verständnis entwickeln und ist dadurch für ein fruchtbares Gespräch oder zum gewünschten Handeln bereit.

Für die Gefühle sind wir selbst verantwortlich, sie hängen von unseren Bewertungen, Meinungen und Glaubenssätzen ab. Durch ehrliche Ich-Botschaften stehen die Erwachsenen zu ihren Gefühlen und zeigen den Kindern, wie ein sinnvoller Umgang mit Gefühlen aussehen kann.

Wenn Erwachsene immer mehr üben, in Ich-Botschaften ihre eigenen Befindlichkeiten zum Ausdruck zu bringen, dann können sie auch mehr Empathie für die Gefühle der Kinder entwickeln. Dies ist für das aktive Zuhören relevant. Dabei spiegelt der Erwachsene dem Kind oder Schutzbefohlenen dessen Empfindungen und Gefühle und ermöglicht damit die Basis für eine wertschätzende Unterhaltung. Das Kind spürt das echte Interesse, fühlt sich angenommen und verstanden. Der Erwachsene seinerseits verfällt beim Anwenden des aktiven Zuhörens nicht in die Gefahr, Gesprächsstörer zu verwenden – wie Lösungen liefern, Bewerten, Herunterspielen, Ablenken, Ausfragen, Interpretieren, Drohen oder Befehlen –, welche eine effiziente Kommunikation häufig verhindern. Durch das aktive Zuhören entsteht eine harmonische Atmosphäre, und diese wirkt sich positiv auf die Beziehung aus.

Zum Wohl der Ihnen anvertrauten Kinder und auch für Ihr eigenes Wohlbefinden: Verbannen Sie demütigende Du-Botschaften! Üben Sie die Ich-Botschaften und positiven Formulierungen in Ihrer täglichen Kommunikation ein! Sagen oder tun Sie immer mehr Dinge, die das Selbstbewusstsein des Kindes bzw. der Kinder aufbauen.

Positive Formulierungen

In der Kindererziehung hat sich das positive Formulieren des Gesagten bereits verbreitet. Eltern, Erzieherinnen und Erzieher sowie Lehrkräfte stärken das Selbstvertrauen und Selbstwertgefühl der Kinder, indem sie positiv formulieren, also möglichst alle Verneinungen aus ihrem Sprachgebrauch entfernen. Dadurch lernen Kinder automatisch, ebenfalls positiv zu formulieren, zu denken und zu handeln.

Das Unterbewusstsein arbeitet mit inneren Vorstellungsbildern. Eine Verneinung kann nicht durch das Unterbewusstsein verbildlicht werden. Deshalb entsteht ein inneres Bild von dem zu Vermeidenden, mit dem weiteren Denkschritt, es nicht geschehen zu lassen. Allein durch die Verdoppelung der Arbeitsschritte im Vergleich zur positiven Formulierung des gewollten Zustandes ist dieses Vorgehen suboptimal. Durch das Aktivieren des inneren Bildes, welches das abbildet, was nicht gewollt ist, wird gerade das zu Vermeidende in der Verwirklichung wahrscheinlicher.

Statt zu formulieren, was nicht eintreffen darf, ist es wesentlich sicherer und auch ökonomischer, das zu denken und zu sagen, was erreicht werden soll. Statt zu sagen »Fall nicht hin« und dies damit womöglich mehr zu provozieren als zu vermeiden, sagen bewusst formulierende Erwachsene »Achte auf deinen Weg«, und das Kind kann sich dadurch leicht vorstellen, wie es gehen soll. Deshalb sind wenn möglich alle Wörter zu vermeiden, die eine Verneinung implizieren, wie zum Beispiel »keine«, »ohne«, »nie«, »nicht mehr«, »nicht«, »trotz« oder »anstatt«. Es gilt, das zu formulieren, was sein soll. Da wir viel mehr darin geübt sind, negativ zu formulieren, bedarf es auch beim positiven Formulieren eines regelrechten Einstudierens.

Beeinträchtigende Gedanken und Glaubenssätze

Ist es in der Familie üblich, sich viele Sorgen zu machen oder traurigen Vorstellungen nachzuhängen, wird ein Kind dieser Familie es schwer haben, optimistisch zu denken. Wird es mit abwertenden Äußerungen konfrontiert und sprechen die Eltern oder Geschwister ihre eigenen zweifelnden und abwertenden Gedanken aus, so lernt das Kind, auch über sich destruktive Selbstkritik zu formulieren. Diese Gedanken wirken langfristig beeinträchtigend. Besonders kritisch ist es, wenn solche negativen Selbstbewertungen verallgemeinert werden. Dann schlussfolgert die betroffene Person aus einem Fehler, dass sie generell inkompetent sei.

Selbstverurteilungen untergraben sukzessive das Selbstbewusstsein. Auch ein allgemeines Schwarz-Weiß-Denken, welches nur die Ausprägungen »gut« oder »schlecht« zulässt, oder Verallgemeinerungen, die anhand der Wörter »immer« oder »schon wieder« zu erkennen sind, übernehmen Kinder von Erwachsenen. Ein einseitiger Fokus der Bezugspersonen, der nur auf die positiven oder nur auf die negativen Seiten des Lebens gerichtet ist, überträgt sich auf die Heranwachsenden. Gleichermaßen werden Vorurteile übernommen. Schimpfen die Eltern allgemein über eine Gruppe von Personen, so wird auch das Kind irgendwann mitschimpfen, obwohl es noch gar keine eigenen Erfahrungen sammeln konnte. Gleiches gilt für Schuldgedanken und ungesunde Selbstbezichtigungen. Dabei wird nicht ein einzelnes Ereignis als schlecht angesehen wie zum Beispiel, dass die Person einmal nicht aufgepasst hat und sich aus der Wohnung ausgeschlossen hat, sondern die Verurteilung bezieht sich auf die ganze Persönlichkeit: »Ich Blödmann!«

Weitere belastende und unrealistische, außerordentlich beharrliche irrationale Überzeugungen, die in der westlichen Welt weit verbreitet sind und psychische Störungen begünstigen, wurden von Albert Ellis herausgearbeitet. Dazu gehört die Überzeugung, dass sich nur derjenige als wertvoll empfinden dürfe, der in allen Bereichen kompetent, tüchtig und leistungsfähig ist. Leben die Eltern nach dieser Maxime, werden auch die Kinder eher danach leben. Werden Wörter wie »schwierig«, »unmöglich«, »geht nicht« oder »kann ich nicht«, »klappt nicht« häufig im täglichen Sprachgebrauch eingesetzt, ist es wahrscheinlich, dass auch Kinder diese Wörter übernehmen, das Gesagte glauben und sich dadurch selbst bei ihren Vorhaben im Wege stehen. Erleben sie hingegen, dass die Eltern, Erzieherinnen, Erzieher und Lehrkräfte statt dieser Worte konstruktive Formulierungen nutzen und auch nach Lösungen suchen, werden sie selbst einfacher zu lösungsorientierten Menschen heranwachsen.

Stress in der Kindheit

Kinder sind von Natur aus interessiert, offen und neugierig. Sie wollen mit allen Sinnen die Welt erkunden, anfassen und erleben. Sie können im Spiel ganz und gar versunken sein und alles um sich herum vergessen. Jedes Kind besitzt von Grund auf die Fähigkeit, sich so zu sammeln und in völliger Konzentration in das Hier und Jetzt einzutauchen.

Obwohl Kinder noch mehr als Erwachsene »eins« mit sich und ihrer Umwelt sind, leiden viele schon frühzeitig unter den vielfältigen Anforderungen, die an sie gestellt werden. Als Konsequenz wird die innere Balance in Mitleidenschaft gezogen. Statt sich in einer Atmosphäre der Achtung und Toleranz nach ihren eigenen Fähigkeiten entfalten zu können, sollen sie häufig widersprüchliche Wünsche und Erwartungen erfüllen. Oft erleben die Kinder im familiären, schulischen oder sozialen Umfeld Situationen, die inneren Stress und Blockaden verursachen.

Zudem steigt die Ablenkung durch äußere Reize. Statt die Welt im eigenen Tempo erkunden zu können und selbst kreativ zu werden, bekommen die Kinder durch das Fernsehen und modernes Spielzeug häufig vieles vorgegeben. Sie haben von Natur aus ein gutes Vorstellungsvermögen und können je nach Alter Gehörtes schnell in innere Bilder umsetzen. Durch das Fernsehen wird die eigenständige Vorstellung und Fantasie nicht mehr umfassend gefördert, denn den Kindern werden die Bilder vorgegeben.

Mit Computerspielen tauchen die Kinder in eine andere, virtuelle Realität ab, mit Handys verlassen sie ihr tatsächliches Umfeld und kommunizieren statt mit dem direkten Gegenüber mit räumlich entfernten Freunden. Umfragen zufolge verbringen Kinder und Jugendliche mit Fernsehen, Video und dem Computer den größten Teil ihrer Freizeit zulasten von spielen, basteln, lesen oder in der Natur sein. Die Kinder geben sich freiwillig Hausarrest. Folgerichtig tritt an die Stelle von unmittelbar Erlebtem der passive Konsum, der in Verbindung mit der Bewegungsarmut die motorischen Fähigkeiten der Kinder weiter einschränkt. Auch der Tast-, Geschmacks- und Geruchssinn verändert sich. Zudem können sich die Kinder immer weniger mit sich selbst beschäftigen und brauchen dadurch viel mehr Anregung von außen.

Bis ein Mensch erwachsen wird, sieht er heute durchschnittlich ungefähr 200.000 Gewalttaten im Fernsehen (Spitzer 2005, S. 270). Computerspiele bestehen sogar zu 80 Prozent aus der Darstellung von Gewalt und Aggressionen. Dies wirkt sich auf die Gedanken, Gefühle und das Verhalten der Kinder und Jugendlichen aus und fördert die Gewalt im realen Leben (Spitzer 2005, S. 205 und 240 f.). Die negativen Gefühle, die natürlicherweise beim Hören und Sehen von Gewalttaten entstehen, werden mit der Zeit immer weniger spürbar, das Kind stumpft ab und die Entwicklung der Empathie wird beeinträchtigt.

Auch die veränderte Wohnausgangslage mit ihren spärlich vorhandenen natürlichen Spielfeldern unterstützt nicht die kreative Entwicklung. Gerade die Natur, die für die Entwicklung der Motorik und der Sinne die idealen Rahmenbedingungen bereithält sowie Bewegungsfreiheit, Anregung, Entspannung und Abwechslung bietet, ist für viele Kinder in unmittelbarer Umgebung nur noch in ungenügendem Maße vorhanden. Manchmal ist in dicht besiedelten Gebieten ein kleiner Platz mit zweckvorbestimmten Spielgeräten der einzige Spielbereich, der draußen zur Verfügung steht.

Außerdem werden schon kleine Kinder in den Strudel des Zeitmangels und der Hektik der Erwachsenen mit hineingezogen. Während es früher die erste Uhr als Geschenk zur Erstkommunion oder zur Konfirmation gab, heißt es heute oft schon für die Kinder, unter Zeitdruck den straffen Terminplan einzuhalten, den meistens die Eltern vorgeben.

Auch die häufig vorhandene Geräuschkulisse sorgt dafür, dass es mit der inneren und äußeren Ruhe nicht weit her ist.

Zu hohe oder falsche Anforderungen der Erwachsenen, das Verhalten der Bezugspersonen, familiäre Belastungen wie Arbeitslosigkeit, Scheidung, Krankheit, Unfall oder Tod fördern den Stress, den auch schon Kinder ertragen müssen.

Eine weitere Ursache für Stress ist die Gewalt, welche die Kinder verbal, nonverbal oder körperlich trifft. Ist diese nicht direkt im eigenen Umfeld vorhanden, so wird sie mittelbar durch den Fernseh- und Computerkonsum transportiert und durch die dadurch entstehenden Gefühle und Stresshormone miterlebt.

Mit dem Eintritt in die Schule kommen durch Leistungsdruck, Konkurrenzkampf und Prüfungssituationen oft weitere Stressoren hinzu. Konflikte und Auseinandersetzungen mit anderen, unter Umständen Gruppenzwang oder sogar Mobbing sowie das Pensum an Hausaufgaben bedeuten schon in der Grundschule für das ein oder andere Kind eine Belastung.

Von den Über-14-Jährigen hat die Mehrheit Prüfungsangst und spürt dies vor Klassenarbeiten häufig auch durch Symptome wie Bauch- oder Kopfschmerzen. Ein sinnvoller Umgang mit diesen Anforderungen und den destruktiven Gefühlen ist meistens unbekannt.

All diese Faktoren führen dazu, dass den Kindern häufig die Möglichkeit fehlt, zur Ruhe und zur Besinnung zu kommen. Die Folge davon ist Stress und das Entstehen von entsprechenden Symptomen. Die Studie der Techniker Krankenkasse und des F.A.Z.-Instituts hat zutage gefördert, dass sich neun von zehn Studierenden und Schüler/innen über 14 Jahren über Stress beklagen und nach eigenem Empfinden 30 Prozent von ihnen häufig oder dauernd unter Druck stehen. Allein drei Viertel der Schüler/innen und Studierenden geben an, unter Lernstress zu leiden, und empfinden die Schule oder Universität als Belastung.

»Stress« im Sinne von seelischer und körperlicher Überlastung macht müde, fördert, wenn er zum Dauerzustand wird und Regenerationszeiten ausbleiben, den Ausbruch von Krankheiten und verschlimmert bereits vorhandene.

Stress ist eine sehr individuelle Empfindung. Das bedeutet, dass Stress je nach Veranlagung, subjektiver Beurteilung, Einstellung und Persönlichkeit unterschiedlich bewertet, als belastend empfunden und verarbeitet wird, zum Beispiel so, wie es von den Eltern vorgelebt oder durch Mentales Training eingeübt wird. Es geht daher entscheidend darum, wie der Mensch abhängig von seiner Persönlichkeit seine momentane Situation bewertet, mit Problemen oder Ärger umgehen kann und ob er sich selbst unter Druck setzt.

Es ist ein wesentliches Ziel des Kindermentaltrainings, die Kinder dabei zu unterstützen, eine gesunde Lebenseinstellung zu entwickeln. Dann lassen sie sich auch als Erwachsene nicht aus der Ruhe bringen, suchen in jeder Lage nach konstruktiven Lösungen und machen aus jeder Situation das Beste. Diese Menschen fühlen sich nicht nur weniger gestresst, sondern sind auch gesünder als der bundesdeutsche Bevölkerungsdurchschnitt (Techniker Krankenkasse et al. 2009, S. 6 und 14f.).

Sowohl Kinder als auch Erwachsene leiden fast alle unter der Volkskrankheit »Stress«, und nur sehr wenige beherrschen die Kunst der Entspannung und der Balance. Der Mensch kann nicht gleichzeitig entspannt und gestresst sein. Deshalb ist es wesentlich zu lernen, den Körper mit seiner gesamten Muskulatur umfassend entspannen zu können und eine gesunde Lebenseinstellung zu entwickeln. Auch wenn es im ersten Moment für die Kinder ungewohnt ist, Entspannungsübungen oder Fantasiereisen durchzuführen, werden sie nach einer Phase der neuen Erfahrung ihre Unsicherheit, welche sich in Kichern oder Unruhigsein äußern kann, ablegen und die Zeiten der Stille sogar genießen. Regelmäßige Ruhephasen wirken sich wohltuend auf den Einzelnen sowie auf die gesamte Gruppenatmosphäre aus.

Die Chance liegt in jedem von uns

Von der kontinuierlichen Anwendung des Mentalen Trainings kann jeder Mensch profitieren. Indem er das eigene Bewusstsein verändert und dadurch seinem Denken und Fühlen eine neue Ausrichtung gibt, hat er eine Möglichkeit, seine Lebensqualität zu steigern. Er kann positive Veränderungen herbeiführen und Ziele erreichen, die bisher vielleicht unvorstellbar waren. Jeder kann seine Werte und Prägungen verändern, die ihn und sein Umfeld bisher eingeengt haben, die nicht mehr zeitgemäß sind und die mit bisherigen Lebenszielen nicht mehr im Einklang stehen, die vielleicht bremsen und wie große und kleine Stolpersteine auf dem Lebensweg liegen.

Neben dem ganz persönlichen Gewinn ist ebenfalls die positive Auswirkung der eigenen Veränderungen auf andere erwähnenswert. Die jüngsten neurowissenschaftlichen Erkenntnisse erklären die Resonanzphänomene, welche uns im Alltag begegnen, wenn wir zum Beispiel das Lächeln eines Fremden spontan erwidern oder mit unserem müden Gegenüber mitgähnen müssen. Wenn sich dabei unsere eigene Stimmung hebt oder wir unsere Müdigkeit entdecken, wirken sich diese Resonanzphänomene auch auf unsere Gefühle aus. Die Ursache für die Übertragung körperlicher Haltung, Gestik und Mimik sowie der damit verbundenen Emotionen von einem Menschen auf den anderen ist in den Spiegelnervenzellen zu finden. Diese sind auch für das automatische Resonanz- bzw. Imitationslernen der Kinder verantwortlich, welches die Grundlage für das Weitergeben der geistigen Haltung, Wahrnehmungs- und Bewertungsmuster sowie der Gefühlsregulation und anderer Verhaltensstrategien von einer Generation zur nächsten bildet (Bauer 2009). Wenn es Ihnen gelingt, sich wohler zu fühlen, unterstützen Sie auch Ihre Mitmenschen, da sich eigene Empfindungen auf andere Personen übertragen.

Wie können Sie als Mutter, Vater, Bruder, Schwester, Erzieher, Lehrkraft oder sonstige erwachsene Bezugsperson den Ihnen anvertrauten Kindern eine neue Richtung geben? Wie können Sie positiven Einfluss auf die Lebensgeschichte der kleinen Menschen nehmen? Indem Sie vorhandene hinderliche Werte, Prägungen sowie Glaubenssysteme verändern und neue, positive, kraftvolle Gedanken, Gefühle und Bilder im Inneren manifestieren. Bilder, die stärken und motivieren, die die Kinder spüren lassen, dass sie richtig sind, so wie sie sind, dass sie liebenswert sind, genau so, wie sie sind. Indem Sie Ihre seit Urzeiten bestehenden Bewertungen und Urteile weglassen und mit einem neuen Blick auf die heranwachsenden Menschenkinder und ihr Leben schauen. Das gelingt Ihnen leichter, wenn Sie sich selbst für liebenswert halten, genau so, wie sie sind. Dann haben Sie die Möglichkeit, aus einer positiven Gegenwart eine positive Zukunft zu gestalten, um in absehbarer Zeit glücklichere Menschen hier auf der Erde zu haben.

Sie können sich das vorstellen? Dann können Sie es auch erreichen! Um dies selbst zu erfahren, können Sie folgende kleine Übung durchführen:

> Stellen Sie sich bequem hin, die Beine etwa schulterbreit auseinander, die Knie leicht gebeugt, die Arme hängen locker am Körper. Strecken Sie den rechten Arm waagerecht nach vorne aus und drehen Sie Ihren Oberkörper, Kopf und Arm so weit nach rechts, wie es Ihnen ohne Druck möglich ist. Merken Sie sich an der Umgebung den Punkt, wie weit Sie mit dem Arm gekommen sind. Dann gehen Sie wieder in die Ausgangsposition zurück, lassen die Arme locker nach unten hängen, schließen kurz die Augen, atmen einige Male tief ein und stellen sich jetzt den

Punkt vor, den Sie gerade eben mit Ihrem Arm erreicht haben. Anschließend stellen Sie sich vor, dass Sie, wenn Sie die Übung wiederholen, noch sehr viel weiter kommen. Stellen Sie sich vor, Sie drehen sich leicht und einfach noch weiter nach rechts. Fühlen Sie, wie es für Sie ist, wenn Sie Ihre Grenze erweitern – einfach so, ohne sich anzustrengen, nur aufgrund Ihrer Vorstellung. Jetzt machen Sie die Übung erneut und drehen Ihren Oberkörper, Kopf und Arm wieder so weit nach rechts, wie es Ihnen möglich ist.

Sie sind sicher erstaunt, denn bei fast allen Menschen geht die Drehung nun weiter. Sie haben sich nur einen kurzen Moment ein neues, größeres Ziel vorgestellt, und unmittelbar hat der Körper darauf reagiert. Dies zeigt sehr gut nachvollziehbar, wie wir durch die Kraft unserer Vorstellung unsere bekannten Grenzen hinausschieben können mit dem Ziel, dass das, was wir uns realistisch vorstellen, auch erreichbar ist.

Diese Vision wird durch das Mentaltraining bzw. Kindermentaltraining unterstützt. Kinder sind noch neugierig, wollen entdecken, fragen, erleben. Sie sind lernfähig und lassen sich begeistern. Wenn sie schon früh im Leben lernen, dass sie selbst einen Beitrag zu ihrem Wohlbefinden leisten können, dass sie ihr Lebensglück mitgestalten können, dass es einen Schlüssel dafür gibt, werden sie zu verantwortungsvollen und selbstbewussten Erwachsenen heranwachsen. Sie lernen, sich selbst zu vertrauen, dass sie richtig sind, so wie sie sind, und können damit einen Teil ihrer kindlichen Unbeschwertheit mit ins Erwachsenenleben nehmen.

Stellen Sie sich eine Welt vor, die von solchen Menschen bevölkert ist – durch Kindermentaltraining geschulte Menschen, die eines Tages verantwortungsvolle, positiv ausgerichtete Erwachsene sind. Wenn immer mehr Menschen sich selbst vertrauen, sich ihrer bewusst sind, die Verantwortung für sich selbst, ihre Gedanken, Worte und für ihr Handeln übernehmen und Bilder und Gefühle eines glücklichen Lebens in sich tragen, wenn sie wissen, dass sie durch ihre Gedanken und Gefühle ihre Zukunft mitgestalten können, dass, wenn es ihnen selbst gut geht, sie diese guten Gefühle über Schwingungen nach außen tragen und dadurch ihr Umfeld positiv beeinflussen, dann könnte es ein bisschen wie das Paradies auf Erden sein.

Wenn immer mehr Kinder aufwachsen, die wertschätzende Gedanken über sich hegen, wird die Gefühlswelt dieser Menschen eine freudvollere sein. Kinder, die sich selbst achten, ihre Einzigartigkeit erkennen und an ihre eigenen Kräfte glauben, werden glücklicher und selbstsicherer durch ihre Kindheit und später durch ihr Erwachsenenleben gehen. Sie können auch andere Menschen liebevoller annehmen und werden die Natur wertschätzend behandeln.

Entscheiden Sie sich dafür, Kindern Mentales Training näherzubringen, und nutzen Sie Ihren starken Einfluss bewusst zum Wohl des Kindes!

Wertschätzung und Anerkennung

Es ist für alle Menschen bereichernd, wenn sowohl die Kommunikation untereinander als auch die Selbstkommunikation von Verständnis, Wertschätzung und Liebe geprägt ist. Alle abwertenden, auch die sogenannten kränkenden Gedanken sind verletzend und auf Dauer, wie das Wort bereits aussagt, sogar krank machend. Erwachsene können in ihrem verbalen Verhalten ein Vorbild sein, indem sie ihre Ausdrucksweise bewusst verändern. Dies ist eine echte Herausforderung. Eine kritische Reflexion ist für jüngere Kinder nicht möglich. Was Erwachsene sagen, gilt als wahr. Zwar können Glaubenssätze generell auch später noch verändert werden, es ist jedoch viel einfacher, destruktive Glaubenssätze erst gar nicht entstehen zu lassen.

Werden innere Gespräche untersucht, stellt sich heraus, dass nur ein Bruchteil sachlicher Art ist und ein weiterer kleiner Teil anderen Menschen gilt. Der Großteil der Gedanken bezieht sich auf die eigene Person. Hier setzt das Kindermentaltraining an. Wenn die Kinder von Anfang an wertschätzend mit sich umzugehen lernen, werden sie auch einen angemessenen gedanklichen Umgang mit sich pflegen. Durch die Selbstgespräche, die kleine Kinder laut führen, erhalten die Erwachsenen die Möglichkeit, die Gedanken und Gefühle der Kleinkinder zu erleben. Wenn die Kinder abwertende Gedanken über die eigene Person äußern, können die Bezugspersonen darauf korrigierend eingehen.

Mit Kindermentaltraining neue Wege gehen

Ein Wort ist nichts anderes als ein ausgesprochener Gedanke. Da nicht alle Dinge schön sind, die Erwachsene Kindern oder Kinder sich untereinander sagen, will das Kindermentaltraining dem durch gute, aufbauende Gedanken ein Gegengewicht geben.

Dem natürlichen Bedürfnis nach Ruhe und einem inneren Gleichgewicht wird beim Kindermentaltraining durch Entspannungsübungen Rechnung getragen. Je früher ein Kind die Vorteile und Möglichkeiten von Entspannungstechniken erfährt, desto eher wird es später als erwachsener Mensch darauf zurückgreifen und mit Problemen wie Leistungsdruck und Terminhetze besser umgehen können. Im Kindermentaltraining wird den Kindern ihre eigene Stärke deutlich, ihre Kreativität und Fantasie angeregt und ihr Selbstbewusstsein gestärkt. Die Kinder lernen, sich in sich selbst wohler zu fühlen. Sie üben, ihre Gefühle schneller wahrzunehmen und dementsprechend zu reagieren. Dies wird insbesondere auch durch konstruktive innere Bilder geschaffen. Jeder Mensch erschafft sich laufend innere Bilder, die häufig unbewusst bleiben, aber trotzdem eine große Wirkung auf sein Denken und Handeln und damit auch auf die eigene Entwicklung und Leistungsfähigkeit haben. Für das psychische Wohlbefinden ist es daher essenziell, welche inneren Bilder erzeugt werden. Wenn negative Vorstellungsbilder vor dem inneren Auge entstehen, ist spürbar, wie diese niederdrückend wirken und die eigene Handlungsfähigkeit einschränken. Positive Vorstellungen bauen hingegen auf und erweitern die eigenen Möglichkeiten. Die

Kinder benötigen Unterstützung beim Umgang mit Ängsten, Leistungsdruck, Reizüberflutung und Aggressionen.

Entdecken Sie das Mentale Training für sich und die Ihnen anvertrauten Kinder! Je früher ein kleiner Mensch mit diesen Techniken in Berührung kommt, desto besser! Durch Kindermentaltraining erfahren die Heranwachsenden heilende Glaubenssätze, erlernen mit Entspannungs- und Konzentrationsübungen, Fantasiereisen sowie Körper- und Atemübungen, wie sie die immer anspruchsvolleren Aufgaben im Schulalltag, in der Freizeit und der Familie besser meistern können. Gerade in Zeiten, in denen Stress als das Gesundheitsrisiko Nummer eins gilt und auch immer mehr Kinder bereits sehr früh Stresssymptome zeigen, ist Kindermentaltraining auch aus dieser Perspektive eine hilfreiche Technik, um mehr Wohlbefinden für die Kinder zu erlangen.

1.7 Ziele und Nutzen des Kindermentaltrainings

Das Hauptziel des Kindermentaltrainings ist es, die Kinder für ihre Zukunft zu stärken. Das wird dadurch erreicht, dass sie lernen, dass sie selbst einen enormen Einfluss auf ihr seelisches Wohlbefinden haben können, indem sie ihr Denken, ihre Gefühle, ihre Atmung, ihre Handlungen und ihre Reaktionen auf die Umgebung beeinflussen. Durch das Wissen um diese eigenen Einflussmöglichkeiten entsteht eine tatsächliche Wahlfreiheit. Dies steigert das Vertrauen, die Freude, Zufriedenheit und Ausgeglichenheit der Heranwachsenden und hilft ihnen, Verantwortung zu übernehmen und ein selbstbestimmtes, erfülltes Leben zu führen.

Auch Kinder haben schon ihre Sorgen, Probleme und Befürchtungen, die durch die eigene Entwicklung und spätestens in der Pubertät entstehen. Diese sind mit wachsender Selbstsicherheit, Intuition und Kreativität eher lösbar. Daher sind die wichtigsten Ziele des Kindermentaltrainings das Stärken des eigenen, positiven Selbstbildes, des Selbstvertrauens und Selbstbewusstseins.

Im Kindermentaltraining lernen Kinder aufbauende Gedanken kennen und entwickeln eine konstruktive gedankliche Ausrichtung. Diese wirkt sich positiv auf ihre Entwicklung, ihre schulischen Leistungen und ihr Selbstbild aus. Menschen blockieren sich zum Beispiel, wenn sie meinen, sie könnten etwas nicht. Selbst wenn dem so ist, ist für das psychische Wohl entscheidend, wie das Kind diese Situation beurteilt und damit umgeht. Der Glaube an die eigene Kraft ist wichtig, denn wenn ein Heranwachsender überzeugt ist, dass er etwas lernen kann und seine Ziele erreichbar sind, dann wird ihn so schnell kein Hindernis auf dem Weg zum Erfolg aufhalten können. Wer aber glaubt, dass er etwas nicht kann, auch wenn es ihm nur durch falsche Vorstellungen und negative Erfahrungen eingeredet wurde, wird früher aufgeben und das Ziel unter Umständen gar nicht erreichen. Durch konstruktive Gedanken können die Heranwachsenden ihre Kindheit und Jugend selbstbewusster und sicherer erleben und profitieren ein Leben lang von positiven Glaubenssätzen, die sie als Kind verinnerlicht haben.

Das Erlernen von Entspannungsmethoden ist ebenfalls hilfreich, um ein inneres Gleichgewicht zu finden. Im entspannten Zustand fällt es leichter, zu lernen und das neu erworbene Wissen zu verarbeiten. Kinder, die sich entspannen können, leben gesünder und bewusster. Durch das Üben des tiefen Atmens werden Ängste geringer, und Stress wird abgebaut.

Ein Mensch, der mit sich selbst im Einklang ist und sich wertschätzt, hat zudem eine viel bessere Basis für erfolgreiche und bereichernde Beziehungen. Mit der inneren Ruhe und Selbstachtung steigen auch Empathie, Sensibilität und Mitgefühl. Ein solcher Mensch wird anderen sowie der Umwelt und Natur wertschätzender und respektvoller gegenübertreten. Selbstachtung entsteht, wenn der Mensch seine Einzigartigkeit erkennt und schätzen kann. Dies wird auch durch die Zeiten erreicht, in denen Kinder selbst schöpferisch tätig sind und ihre kreativen Möglichkeiten erfahren. Auch dies stärkt ihr Selbstvertrauen.

Die Heilkraft der Stille zu erfahren, die nur im eigenen Innern entstehen kann, ist gerade deshalb wichtig, weil es im Alltag immer seltener Momente der Ruhe gibt. Musik beim Einkaufen, Fahrgeräusche an den Straßen, Radiomusik im Auto und zu Hause – Kinder sind häufig von einer Geräuschkulisse umgeben. Stille hingegen ist meist unbekannt und ungewohnt, obwohl es gerade diese Momente sind, in denen der Mensch sich besinnen kann und die eigene Wahrnehmung steigt. Zudem wird die Wahrnehmung für das Gute, Schöne und Positive geschärft, die Dankbarkeit für das Gute im Leben und dessen Wertschätzung gefördert. Die Kinder werden es einfacher haben, sich selbst, andere Menschen, aber auch Dinge und Situationen positiv wahrzunehmen.

Weitere Ziele des Kindermentaltrainings sind, ein positives Körpergefühl zu fördern und das individuelle Potenzial besser zu entfalten. Indem die Fähigkeit zur Körperwahrnehmung und das Körperbewusstsein steigen, kann der Mensch eher seine eigenen Bedürfnisse wahrnehmen und dementsprechend handeln. Auch Selbstbewusstsein wird wesentlich über die Entwicklung des Körperbewusstseins und Körperempfindens gefördert. Genauso wichtig sind das Spüren und Zeigen von sowie der Umgang mit den Gefühlen. Kinder, die in dieser Hinsicht geübt sind, können mit Stress besser umgehen.

Die Übungen im Kindermentaltraining sind darauf ausgelegt, die Fantasie, Kreativität und Wahrnehmung mit allen Sinnen zu schulen. Auch die Zusammenarbeit zwischen rechter und linker Gehirnhemisphäre wird dadurch gefördert.

Daher ist es für Kinder gut, schon frühzeitig durch Kindermentaltraining gestärkt und unterstützt zu werden. Dies wird sich auf ihr Wohlbefinden, ihre Lebensqualität und ihre Zufriedenheit förderlich auswirken.

1.8 Zielgruppe des Kindermentaltrainings

Zielgruppe des Kindermentaltrainings sind alle Kinder ab drei Jahren. Die Ziele werden dem Alter entsprechend durch verschiedene Spiele, Fantasiereisen und Übungen verfolgt. Kindermentaltraining ist für jedes Kind ein Gewinn.

Die Eltern, Erzieherinnen und Erzieher sowie Lehrkräfte wollen für die Kinder das Beste und sind verantwortlich für das Wohlergehen der Kinder. Deshalb ist es wichtig, einerseits so viele Stressoren wie möglich zu eliminieren und andererseits die Kinder zu lehren, mit den Herausforderungen des Lebens konstruktiv umzugehen. Kinder brauchen die Anerkennung, Zuwendung und Unterstützung der Erwachsenen.

Um Kindern Mentales Training näherzubringen, bedarf es daher einzig der Entscheidung des Erwachsenen. Begeben Sie sich gemeinsam mit den Kindern auf eine Entdeckungsreise. Auch wenn Sie bisher keinerlei Erfahrungen mit dieser Art von Übungen gesammelt haben, können Sie diese durchführen. Wichtig ist, dass Sie hinter dem stehen, was Sie auswählen. Hilfreich ist es natürlich, wenn Sie sich selbst immer häufiger stärkende Entspannungspausen und Wohlfühlmomente schenken, um mehr in Ihre Mitte zu kommen. Das, was Sie sagen, sind keine Vorgaben, vielmehr geben Sie Anregungen und Impulse. Die Kinder stehen im Mittelpunkt und nicht die Leistung.

Bleiben Sie dran, auch wenn Sie sich am Anfang der einen oder anderen Herausforderung gegenübersehen. Denken Sie auch daran, dass die Kinder mehr leisten, wenn die Bezugspersonen ihnen viel zutrauen.

Die Übungen werden der Lerngruppe entsprechend ausgewählt. Wesentlich ist die regelmäßige Durchführung, sodass die Kinder einen immer schnelleren Zugang zur Entspannung oder Stille finden. Ob Sie dann fünf oder zehn Minuten oder eine Stunde Ihres Unterrichts, einen Vormittag oder nur eine halbe Stunde des Tages im Kindergarten investieren, ist weniger relevant. Auf Dauer werden auch Sie sehr von den neuen Inhalten profitieren. Je mehr Ausgeglichenheit und innere Ruhe in den Kindern entsteht, desto wohler werden auch Sie sich fühlen.

Wichtig ist, dass die Übungen freiwillig sind. Die Bereitschaft der Kinder muss aus ihrem Inneren heraus entstehen. Wenn ein Kind noch nicht bereit ist, sollte es anderweitig ruhig beschäftigt werden.

1.9 Grenzen des Kindermentaltrainings und der Einfluss der Ernährung

Die wertschätzenden und aufbauenden Übungen des Kindermentaltrainings, die Affirmationen und Entspannungsübungen sind für alle Kinder unterstützend und stärkend. Hat ein Kind allerdings tief greifende psychische Probleme, wird Kindermentaltraining nicht ausreichend sein. Hier ist der Rat eines professionellen Therapeuten gefragt.

Herausragende Beachtung verdienen neben der allgemeinen modernen Lebensführung und anderen Komponenten auch Ernährung und Stoffwechsel, die einen höheren Einfluss auf die Kinder haben, als den meisten Erwachsenen bewusst ist. In der Tat hängen die seelische Ausgeglichenheit und das Wohlbefinden auch mit der Nahrung zusammen, die der Mensch zu sich nimmt.

Der Lehrer Friedrich Klammrodt hat in seiner vierzigjährigen Berufsausübung zwischen 1966 und 2006 den Wandel der Klassen von rücksichtsvollen und konzentrationsfähigen Kindern zu unruhigen Klassen mit vielen Störungen erlebt. Vor allem in den späteren Schulstunden sinkt die Aufnahmefähigkeit heute bei vielen Schülerinnen und Schülern rapide. Auch Lernstörungen sowie Lese-Rechtschreib-Schwäche breiten sich aus. Aufgrund seiner eigenen drei verhaltensauffälligen Kinder stellte seine Familie die Ernährung auf die sogenannte »ADS-Diät« um. Die wesentlichen Kennzeichen dieser Ernährung sind der Genuss von reichlich Rohkost sowie der Verzicht auf die Nahrungsmittelzusatzstoffe Zucker, Kuhmilch, Vollkorn und Alkohol. Die Hauptregel lautet, statt Industriekost wieder mehr frische, natürliche Lebensmittel zu verspeisen, da diese die für den Gehirnstoffwechsel notwendigen Substanzen enthalten. Die rasche Änderung seiner Kinder zu ausgeglichenen Menschen, die Zunahme ihrer Lernfreude und Konzentrationsfähigkeit sowie weitere positive Auswirkungen auf die eigene Gesundheit brachten Klammrodt dazu, sich eingehender mit der Thematik auseinanderzusetzen. Neben den bereits erwähnten Veränderungen in der Kindheit hinsichtlich Fernsehkonsum, Reizüberflutung, Bewegungsarmut und eingeschränkter Spielmöglichkeiten in der Natur stieß er auf die weiteren veränderten Einflussfaktoren »Umweltgifte« und »Ernährung«.

Dabei nimmt der Wandel in der Verarbeitung der Nahrungsmittel einen besonderen Stellenwert ein. War der Anteil an Fabriknahrungsmitteln in den 1970er-Jahren noch gering, so ist die Menge der unnatürlich veränderten Kost bis heute sehr stark angestiegen. In großen Mengen werden im Alltag – und nicht nur ausnahmsweise – künstliche Nahrungsmittelzusatzstoffe, Süßigkeiten, gezuckerte Getränke, Fertigprodukte sowie raffinierte Kohlehydrate wie Zucker und Weißmehl konsumiert. Auch wenn der Körper diese Ernährungsweise nicht sofort übel nimmt, reagiert er doch, fast unmerklich, darauf. Insbesondere dem Gehirn und dem Nervensystem scheinen zu viel Industriekost und ein Mangel an Vitalstoffen nicht zu bekommen. Dies wirkt sich nicht nur im Sozialverhalten und der Lern- und Konzentrationsfähigkeit aus. Die Möglichkeiten des Gehirns werden mit einer nährstoffreichen Ernährung deutlich positiv unterstützt, während ein Mangel an Nährstoffen zu Niedergeschlagenheit, Stress, Antriebslosigkeit und Unwohlsein führen kann.

Es ist sehr unterschiedlich, inwiefern ein Kind oder ein Erwachsener gegenüber bestimmten Inhaltsstoffen oder auch natürlichen Lebensmitteln empfindlich ist. Untersuchungen und Erfahrungen von Selbsthilfegruppen zeigen, dass bei 80 bis 90 Prozent der Kinder durch eine Ernährungsumstellung gute bis sehr gute Erfolge bezüglich der Verhaltensauffälligkeit und Lernprobleme erzielbar sind. Klammrodt folgert daher:

> »Von der Ernährung hängt es maßgeblich ab, ob Kinder zum Beispiel konzentriert oder unaufmerksam, selbstbewusst oder ängstlich, friedlich oder streitsüchtig, umgänglich oder unausstehlich sind. Möchten wir also erreichen, dass wieder mehr Frieden in unsere Schulen, Kindergärten und Familien einkehrt, ist das ohne eine Änderung heutiger Ernährungspraktiken nicht zu machen« (Klammrodt 2009, S. 115).

1.10 Neues wagen

> »*Nur wer es wagt, Grenzen zu überschreiten, kann über sich hinaus wachsen.*«
>
> Ralph Waldo Emerson (1803–1882, amerikanischer Schriftsteller und Philosoph)

Sie sind als Erwachsener immer ein Vorbild für die Kinder Ihrer Umgebung. Je liebevoller und wertschätzender Sie mit sich und anderen umgehen, desto leichter fällt dies auch den Kindern.

Die innere Zufriedenheit und das Glück hängen nicht nur von Äußerlichkeiten ab. Wenn die Kinder am Beispiel von Erwachsenen sehen, dass es wichtig ist, gut für sich und sein seelisches Wohlbefinden zu sorgen, können sie selbst es auch lernen. Wenn sie erfahren, dass Fehler nicht nur erlaubt, sondern sogar notwendig sind, um voranzuschreiten, dann werden sie als selbstbewusste Menschen heranwachsen.

Wenn Sie sich vorgenommen haben, neue Wege zu gehen, lassen Sie sich nicht entmutigen: Neues Verhalten einzuüben benötigt seine Zeit.

2 Übungen aus dem Kindermentaltraining

» *Nichts kann den Menschen mehr stärken als das Vertrauen, das man ihm entgegen bringt.* «

Adolf von Harnack
(1851–1930, evangelischer Theologe)

2.1 Allgemeines zur Durchführung der Übungen

Die meisten der hier vorgestellten Übungen erfordern kein besonderes Umfeld. Sie können in den normalen Kindergarten- oder Schulalltag eingebettet werden. Gibt es jedoch einen speziellen Übungsraum, so sollte er gemütlich, aber nicht überladen eingerichtet sein. Wenn Matten oder Decken vorhanden sind, können viele Übungen auch im Liegen durchgeführt werden. Das ist besonders bei Fantasiereisen, die etwas länger dauern, entspannender.

Kinder lernen am Vorbild der Erwachsenen. So ist es wichtig, dass die Gruppenleiterin bzw. der Gruppenleiter die innere Haltung der Achtung und Wertschätzung sowie Ruhe, Gelassenheit und Vertrauen ausstrahlt. Bevor Sie diese Übungen mit den Kindern durchführen, probieren Sie sie selbst für sich aus oder auch in einer Teamsitzung mit Kolleginnen und Kollegen. Wenn Sie selbst gute Erfahrungen damit gemacht haben, sind Sie authentischer in der Übermittlung. Kinder haben ein feines Gespür für Wahrhaftigkeit. Die innere Haltung des Leiters ist oft die Basis für den Erfolg, das heißt, ob Sie die Kinder begeistern können oder ob diese sich weigern mitzumachen. Wenn Ihr inneres Feuer der Begeisterung brennt, können Sie auch die Kinder begeistern.

Generell ist ein spielerischer Umgang mit den Übungen angebracht. Mentaltraining sollte als etwas ganz Selbstverständliches dargestellt werden, das allen Menschen dienlich ist. Zahlreiche Untersuchungen zeigen, dass mentale Übungen günstige Auswirkungen auf die Konzentrationsfähigkeit, die allgemeinen Schulleistungen sowie auf gesundheitliche Probleme haben. Wenn Sie damit beginnen, die Übungen einzuführen, kann es vorkommen, dass manche Kinder etwas unsicher reagieren. Vielleicht sind sie unruhig, kichern oder stören andere Kinder. Hilfreich ist das Aufstellen von Regeln, an die sich alle Kinder, auch die, die nicht mitmachen wollen, halten müssen.

1. Regel: Während der Übungen sind alle still.
2. Regel: Andere werden während der Übungen in Ruhe gelassen und nicht berührt.

Die Teilnahme an den Übungen sollte nicht erzwungen werden. Weigert sich ein Kind mitzumachen, sollte es still dabeisitzen und sich in Richtung einer Wand oder eines

Fensters drehen, damit sich die anderen nicht beobachtet fühlen, gerade wenn sie dann während der Übung die Augen geschlossen halten. Sie können auch zu Beginn einer Übung in die einführende Entspannung entsprechende Sätze einflechten, wie zum Beispiel: »Du bist ganz ruhig und konzentrierst dich nur auf dich« oder »Du sitzt ruhig auf deinem Stuhl«. Wenn ein Kind sehr unruhig ist und dadurch andere gestört werden, können Sie sich neben das Kind setzen und es in den Arm nehmen oder eine Hand auf seine Schulter legen. Die Erfahrung zeigt, dass besonders unruhige Kinder die Berührung als Sicherheit erleben und sich so leichter auf die Übungen einlassen können.

Ist Mentaltraining einmal fester Bestandteil des Unterrichts, lassen solche Störungen meist mit der Zeit von selbst nach. Als Leiterin bzw. Leiter sollten Sie die Übungen vormachen und, wenn es sich um Bewegungsübungen handelt, auch mitmachen. Die Kinder haben dann eine Orientierung und können sich dahingehend ausrichten. Beginnen Sie die Einführung des Mentalen Trainings mit kurzen Übungen, zum Beispiel mit Atemübungen. Die Kinder lernen mit der Zeit und bei regelmäßiger Anwendung, sich immer mehr auf die Übungen einzulassen. Sie werden merken, wann es Zeit für etwas längere Atem- oder Fantasiereisen ist. Am Anfang reichen Atemübungen von ein bis zwei Minuten vollkommen aus.

Im Anschluss an jede Übung kann ein Erfahrungsaustausch stattfinden. Ohne dies zu bewerten, können die Kinder von ihren Erfahrungen berichten. Dies ist sinnvoll, damit sie üben können, ihre Wahrnehmungen und Gefühle anderen mitzuteilen.

2.2 Atemübungen

Jeder Mensch atmet – Atem ist Leben – Leben ist Atmen. Das Leben hier auf der Erde beginnt mit dem ersten und endet mit dem letzten Atemzug. Die Atmung wird durch unser vegetatives Nervensystem gesteuert und ist ein autonomer Vorgang. Es ist die natürlichste Sache der Welt, und kaum jemand macht sich Gedanken darüber, wie und wann er atmet. Während Babys ganz natürlich in den Bauch atmen, verändert sich durch verschiedene Stressfaktoren die Atmung im Laufe unseres Lebens. Wenn Kinder gestresst sind, atmen sie unweigerlich flach und schnell, das heißt, die Atemluft fließt nur bis zum Brustkorb, was im Laufe der Zeit zu Verspannungen im Schulter-Nacken-Bereich führen kann. Bei der Brustatmung heben sich die Schultern leicht nach oben und der Bauch wird eingezogen. Das Atemvolumen ist bei der Brustatmung geringer, und der Körper bekommt wesentlich weniger Sauerstoff. Angst- und Stresssituationen verändern das natürliche Atemmuster und führen zu schneller und flacher Atmung, die mit körperlicher Anspannung verbunden ist. Wer flach atmet, fühlt wenig.

Die nachfolgenden Übungen lehren die Kinder bewusstes Atmen. Die Kinder lernen, darauf zu achten, wie sie im Moment gerade atmen: schnell, flach, langsam oder tief. Sie können bewusst ihr Atemmuster verändern und so zu mehr Entspannung, Wohlbefinden und Vitalität in ihrem Leben beitragen. Die Kinder lernen mit der Zeit, die tiefe Bauchatmung zu automatisieren, indem sie auf spielerische Art und Weise mit der tiefen entspannten Atmung in Kontakt sind.

Diese sanften Atemübungen sprechen tiefe innere Schichten an, und die Botschaft lautet: Du darfst dir immer wieder Zeit nehmen und dich in Balance bringen. Du hast alles in dir, was du brauchst, um dich stark und zuversichtlich zu fühlen. Und du kannst dies von Tag zu Tag intensiver kennenlernen.

Die Übungen haben eine einfache Struktur, sodass die Kinder leicht mitmachen können. Es empfiehlt sich jedoch, dass Sie die Übungen mit- und vormachen. Durch ihre metaphorischen und rituellen Elemente stimulieren sie das Unbewusste und wirken von dort in den Alltag hinein. Wann welche Übung eingesetzt wird, hängt vom Befinden der Kinder ab. Längere Übungen eignen sich für Zeiten, in denen die Kinder ihr Bedürfnis nach Bewegung befriedigt haben. Kurze Übungen können jederzeit in den täglichen Ablauf integriert oder zu Beginn oder am Ende einer Unterrichtsstunde durchgeführt werden.

Achten Sie immer auf das Energieniveau der Kinder und die Aufmerksamkeitsspanne sowie die Themen und Jahreszeiten, mit denen sie sich gerade beschäftigen. Beginnen Sie mit einfachen Atemübungen. Sind die Kinder dann schon etwas geübt, können Atemübungen in Verbindung mit Visualisierungsübungen und danach auch etwas längere Atem- und Fantasiereisen angeboten werden. Sie führen in das Zauberland der Fantasie und enthalten unterstützende Elemente, die das Selbstvertrauen und die Eigenwahrnehmung stärken und zum Teil auch symbolische Handlungen beinhalten. Sprechen Sie die Übungen je nach Inhalt sanft und leise oder aber, je nach Aufgabe, kraftvoll und motivierend. Die suggestive Wirkung kann durch eine magische Anleitung noch intensiviert werden. Beginnen Sie die Atem-Fantasiereisen, die etwas länger sind oder Visualisierungsübungen enthalten, immer mit einer kurzen Entspannungssequenz. Beispielsweise so:

> »Setz dich bequem hin, so, dass du dich selbst ganz wohlfühlst. Atme jetzt tief durch die Nase ein und durch den Mund wieder aus. Durch die Nase einatmen, dein Bauch wird dabei ganz rund, und durch den Mund wieder ausatmen. Einatmen und ausatmen. Schau, dass dein Rücken entspannt und gerade ist, dann kann dein Atem leichter durch deinen Körper fließen. Du sitzt ganz bequem auf deinem Stuhl, deine Füße stehen nebeneinander auf dem Boden. Atme wieder durch die Nase ein und durch den Mund aus. Vielleicht kannst du bemerken, wie du durch das Atmen ruhiger wirst. Schließe jetzt deine Augen, damit du ganz bei dir sein kannst […] und jetzt machen wir zusammen eine Reise in das Land der Fantasie. Kommst du mit? Stell dir jetzt das vor, was ich erzähle …«

Indem Sie immer wieder kurze Atemübungen in den Tagesablauf integrieren, helfen Sie den Kindern, die tiefe Bauchatmung zu automatisieren.

Vorbereitende Atemübung

Bauchatmung

Bei der Bauchatmung wölbt sich der Bauch sichtbar nach außen. Zuerst füllt sich der Bauch, dann der Brustraum mit Luft. Beim Ausatmen sinkt zuerst die Brust nach innen und dann der Bauch. Um die Bauchatmung einzuüben, ist es hilfreich, sich auf den Rücken zu legen. Wenn genügend Platz vorhanden ist, können sich die Kinder auf den Boden legen, wenn nicht, können Sie es an einem Kind zeigen, das sich auf den Boden legt. Das Kind legt eine Hand auf den Bauch und eine Hand auf den Brustkorb. Nun hebt sich beim Einatmen zuerst der Bauch, dann der Brustkorb nach außen. Beim Ausatmen fließt die Luft zuerst aus dem Brustraum, dann aus dem Bauch. Das Einatmen geschieht durch die Nase, das Ausatmen durch den Mund. Es ist dabei sehr hilfreich, beim Ausatmen einen Ton zu erzeugen. Dadurch wird das Loslassen unterstützt. Es ist jedoch auch umgekehrt möglich, also durch den Mund einatmen und durch die Nase ausatmen. Ebenso kann auch nur durch die Nase bzw. nur durch den Mund ein- und ausgeatmet werden.

Üben Sie mit den Kindern die Bauchatmung. Sie kann im Stehen, im Sitzen oder im Liegen durchgeführt werden. Es ist immer auf eine aufrechte Wirbelsäule zu achten und die Knie geben leicht nach. Am Anfang kann es vorkommen, dass es manchen Kindern etwas schwindelig wird. Das liegt daran, dass dem Körper vermehrt Sauerstoff zugeführt wird, was für ihn ungewohnt ist. Das normalisiert sich jedoch schnell wieder. Geben Sie bei den Übungen immer vor, ob durch den Mund oder durch die Nase ein- und ausgeatmet werden soll.

Kerzen ausblasen

(für Kinder ab 4 Jahren)

Ziel: Durch den Mund ein- und durch die Nase auszuatmen. Dadurch fühlen sich die Nase frisch und der Kopf klar und wach an. Es ist ratsam, dass sich die Kinder vorher die Nase putzen.

Anleitung: Setz dich gerade hin, die Beine stehen nebeneinander auf dem Boden und schließe deine Augen. Stell dir vor, dass vor dir viele kleine Kerzen brennen. Mit deinem Zauberatem darfst du sie jetzt gleich auspusten. Hole jetzt durch den Mund tief Luft und schließe deinen Mund. Blase jetzt mit deinem Zauberatem die Luft aus deiner Nase und blase die erste Kerze aus. Achte darauf, dass dein Bauch beim Einatmen ganz dick wird. Wenn du die Luft durch die Nase hinausbläst, wird er wieder normal. Und puste jetzt nacheinander alle Kerzen aus … Sind alle Kerzen erloschen? Dann öffne deine Augen, recke und strecke dich und spüre, wie sich deine Nase und dein Kopf jetzt anfühlen.

Löwenatem
(für Kinder ab 4 Jahren)

Ziel: Den Kindern ein Gefühl von Kraft und Stärke zu geben, das Gesicht zu entspannen und sie in Kontakt mit der Stimme zu bringen. Die Übung kann im Sitzen oder Stehen durchgeführt werden.

Anleitung: Hast du schon einmal gesehen, wie ein Löwe atmet? Du wirst es jetzt gleich selbst erfahren. Stell dich gerade hin, die Beine etwas auseinander gestellt. Spüre deine Füße fest auf dem Boden. Jetzt atme durch die Nase ein, und beim Ausatmen reißt du deinen Mund ganz weit auf und presst mit einem lauten Schrei den Atem hinaus. (*Machen Sie die Übung vor.*) Und noch einmal – durch die Nase einatmen und durch den Mund ausatmen, und dabei brüllst du wie ein Löwe. Einatmen und ausatmen. Jetzt presst du deine großen Löwenzähne leicht aufeinander, beim Ausatmen kannst du die Atemluft zwischen deinen Löwenzähnen hindurchstoßen und dabei fauchen und zischen, deine Augen blitzen. Du spürst die Kraft des Löwen in dir. Und noch einmal einatmen und die Luft durch die Zähne pressen. Du brüllst dabei wie ein starker Löwe. Mach das noch dreimal. Jetzt schütteln sich die Löwen alle kräftig, bleiben jedoch mit den Füßen stehen. Leg jetzt die Hände auf deinen Bauch, atme ruhig ein und aus und sei wieder du selbst.

Loslassen nach einer anstrengenden Arbeit
(für Kinder ab 4 Jahren)

Ziel: Das Gefühl zu vermitteln, dass nach einer Arbeitsphase die Entspannung folgt. Diese Atemübung hat eine beruhigende und entspannende Wirkung und kann gut im Sitzen durchgeführt werden.

Anleitung: Setz dich bequem hin, stell deine Füße nebeneinander auf den Boden und leg deine Hände auf deine Oberschenkel. Stell dir vor, du hast heute richtig schwer gearbeitet. Vielleicht hast du bei der Gartenarbeit geholfen oder eine schwere Einkaufstasche getragen, oder du hast in der Schule sehr viel gelernt und dich ganz lange konzentriert. Und nun hast du es geschafft, du bist mit deiner Arbeit fertig. Atme tief durch die Nase ein und halte die Luft ein bisschen an. Beug dich jetzt mit deinem Oberkörper etwas nach vorne und lass deine Atemluft mit einem tiefen Seufzer aus dir heraus. Lass alle Anstrengung wegfließen. Gehe mit deinem Oberkörper wieder nach oben und atme tief durch die Nase ein. Halte die Luft wieder ein bisschen an, beug deinen Oberkörper wieder nach vorne und blase mit einem tiefen Seufzer die Luft nach außen. Mach das jetzt einige Male. Komm jetzt zum Schluss und leg deine Hände auf deinen Bauch, atme noch ein paar Mal ruhig ein und aus und fühl dich erfrischt und entspannt.

Schneeglöckchen

(für Kinder ab 4 Jahren)

Ziel: Fröhliche Ruhe in Verbindung mit Atmung und Vorstellungskraft zu empfinden.

Anleitung: Stell dich gerade und stabil hin, deine Beine sind etwas auseinander gestellt, deine Füße stehen fest auf dem Boden. Atme durch die Nase ein und durch den Mund wieder aus. Ein- und ausatmen ... Stell dir jetzt vor, du bist ein kleines Schneeglöckchen, das im Garten aufgeblüht ist. Die Frühlingssonne scheint warm auf dich, und du hebst ganz vorsichtig dein Blütenköpfchen und streckst es der Sonne entgegen. Stell dir vor, dass du beim Einatmen die warmen Sonnenstrahlen einatmest und dann ganz sanft durch den Mund wieder ausatmest, und beim Ausatmen neigst du den Kopf ganz leicht nach vorne ... Beim Einatmen schaust du nach oben und atmest die warmen Sonnenstrahlen ein, beim Ausatmen geht dein Blütenköpfchen leicht nach vorne ... Und das Schneeglöckchen atmet tief die warmen Strahlen der Frühlingssonne ein und durch das Ausatmen bläst du die Wärme der Sonne in die Welt hinaus ... Wiederhole das einige Male ... Dann bist du wieder du selbst ... Leg deine Hände auf den Bauch, schließe kurz deine Augen und spüre, wie es dir jetzt geht ... Vielleicht kannst du noch die Wärme der Sonne fühlen ...? Öffne jetzt deine Augen und sei ganz erfrischt und fröhlich wieder hier in diesem Raum.

Atmen und bewegen als Feen und Elfen

(für Kinder ab 3 Jahren)

Ziel: In einer märchenhaften Situation Atem und Bewegung zu koordinieren und mit anderen Kindern in Kontakt zu kommen. Als Leiterin bzw. Leiter sollten Sie darauf achten, dass die Kinder sanft und behutsam miteinander umgehen. Das sollten Sie auch immer wieder während der Übung ansprechen.

Anleitung: Stellt euch vor, ihr seid Feen und Elfen und ihr habt einen Zauberatem. Beweg dich langsam hier im Raum als eine Fee oder eine Elfe und stell dir vor, dass du mit deinem Atem zaubern kannst ... Du atmest durch die Nase ein und durch deinen Mund bläst du den Zauberatem wieder aus ... Wenn dir jetzt ein Kind begegnet, bläst du ihm ganz sanft ein bisschen von deinem Zauberatem in die Hand ... Du streckst eine Hand aus, sodass ein anderes Kind dir von seinem Zauberatem etwas abgeben kann ... Gehe langsam hier umher und blase sanft deinen Zauberatem einem Kind in die Hand ... (*ca. 3 bis 4 Minuten*). Und nun bleib stehen und verwandle dich wieder in dich selbst. Atme noch einmal tief ein und fühl dich frisch und munter.

Luftballon aufblasen

(für Kinder ab 4 Jahren)

Ziel: Mit dem Atem in der Vorstellung etwas zu schaffen, das in der Realität oft nicht so einfach ist, besonders für kleinere Kinder. Diese Übung kann im Sitzen oder Stehen durchgeführt werden.

Anleitung: Setz dich ganz bequem hin und schließe deine Augen … In deiner Hand erscheint jetzt ein leerer Luftballon … Welche Farbe hat er und welche Form? Halte ihn mit deinen Fingern vor den Mund und blase ihn auf … Atme durch die Nase ein, und mit jedem Ausatmen bläst du Luft in den Ballon … Atme ein und aus. Mit jedem Ausatmen wird dein Luftballon größer und größer … Jetzt kannst du ihn zuknoten … Öffne deine Augen und sieh dir deinen Luftballon an.

Zweifel wegblasen

(für Kinder ab 6 Jahren)

Ziel: Zu erfahren, dass das Kind selbst in der Lage ist, sich zu helfen, und dadurch Selbstvertrauen aufzubauen. Durch die tiefe Atmung in Verbindung mit der Vorstellung, Zweifel auszuatmen, wird innere Spannung und Druck abgebaut und Vertrauen aufgebaut. Diese Übung kann gut vor einer Prüfung oder Klassenarbeit durchgeführt werden.

Anleitung: Setz dich ganz bequem auf deinen Stuhl, halte die Wirbelsäule gerade … Stell deine Füße nebeneinander auf den Boden, schließe deine Augen und atme durch die Nase ein und durch den Mund wieder aus … Du kannst dir vorstellen, dass du einen Zauberatem hast. Mit diesem Atem kannst du alles Mögliche machen, zum Beispiel auch Zweifel wegblasen … Gibt es etwas in deinem Leben, das du nicht so recht glaubst, woran du zweifelst? … Vielleicht deine Fähigkeiten in der Schule, beim Sport, das Vertrauen in dich selbst, dass du richtig bist, so wie du bist … Glaubst du an dich oder kommen dir manchmal Zweifel? … Du kannst jetzt mit jedem Ausatmen deine Zweifel wegblasen. Mit jedem Einatmen atmest du Vertrauen ein. Atme ein und aus … Alle Zweifel, die in dir sind, bläst du aus dir heraus … und tiefes Vertrauen in dich selbst atmest du ein … Atme ein und aus … (*ca. eine Minute*). Öffne jetzt wieder die Augen und spüre das Vertrauen in dich selbst. Du bist richtig, genau so, wie du bist. Mit diesem Gefühl kannst du jetzt hier sein.

Gemeinsam atmen
(für Kinder ab 4 Jahren)

Ziel: Über das gemeinsame Atemmuster die Verbundenheit in der Gruppe zu spüren. Diese Übung kann im Sitzen oder Stehen durchgeführt werden. Sehr kraftvoll ist es, wenn die Kinder einen Kreis bilden und sich an den Händen halten.

Anleitung: Wir bilden einen Kreis und halten uns an den Händen. Werde nun still und schließe deine Augen ... Atme durch die Nase ein und durch den Mund wieder aus ... Nun wollen wir gemeinsam atmen. Wir atmen jetzt alle durch die Nase ein und beim Ausatmen sagen wir alle laut »Ahhh ...« und blasen alle Luft heraus. Und wieder einatmen und ausatmen. Mach dies wieder mit einem lauten »Ahhh ...«. Wiederhole das gemeinsame Atmen, bis ein gemeinsames Atemmuster entsteht ... (*ca. 2 Minuten*). Öffne deine Augen und schau jedes Kind im Kreis an.

Geschenke verteilen
(für Kinder ab 4 Jahren)

Ziel: Über den Atem in der Begegnung mit anderen großzügig Gutes zu verschenken. Das magische Denken des Kindes unterstützt diese fröhliche Übung und aktiviert die Fantasie und die Kontaktaufnahme.

Anleitung: Such dir im Raum einen Platz, wo du gut stehen kannst. Atme durch die Nase ein und durch den Mund wieder aus. Forme deine Hände zu einer kleinen Schale, die du mit deiner Atemluft füllst. Du atmest durch die Nase ein, und beim Ausatmen lässt du deine Atemluft in deine Hände fließen, die du vor deinen Mund hältst. Stell dir jetzt vor, dein Atem ist ein Zauberatem. Du zauberst mit jedem Ausatmen kleine Geschenke in deine Hände. Welche Geschenke atmest du in deine Hände? Gehe jetzt langsam hier im Raum umher. Wenn du einem Kind begegnest, kannst du ihm ganz vorsichtig ein Geschenk aus deiner Hand in seine Hand blasen. Gehe langsam weiter und verteile die Geschenke, die du mit deinem Atem zauberst. Schau, dass du jedes Kind beschenkst.

Mit dem Atem schreiben
(für Kinder ab 7 Jahren)

Ziel: Kopf und Nacken durch die leichten Bewegungen zu entspannen und den Atem kreativ einzusetzen. Die Übung kann im Sitzen oder Stehen durchgeführt werden. Bei jüngeren Kindern ist es im Sitzen einfacher.

Anleitung: Setz dich bequem hin, dein Rücken ist gerade, deine Füße stehen nebeneinander auf dem Boden. Du weißt schon, dass du mit deinem Atem zaubern kannst. Jetzt lade ich dich dazu ein, mit deinem Atem zu schreiben. Schreibe zuerst in Druckschrift deinen Namen – Vor- und Nachname. Bewege dabei deinen Kopf und schreibe deinen Namen mit deinem Atem in die Luft … Jetzt schreibe deinen Namen in Schreibschrift … Nun schreibe deine Adresse mit deinem Atem vor dir in die Luft … (*Die Bewegungen mit dem Kopf in Verbindung mit dem Atem sehen sehr lustig aus und werden oft auch so empfunden.*) Jetzt halte deinen Kopf wieder gerade und spüre, wie sich dein Kopf und dein Nackenbereich anfühlen.

Mit dem Atem malen
(für Kinder ab 3 Jahren)

Anleitung wie oben, nur dass die Kinder ein Bild malen dürfen.

Atmen und bewegen
(für Kinder ab 4 Jahren)

Ziel: Eine schnelle und erfrischende Entspannung zu erreichen.

Anleitung: Such dir hier im Raum einen Platz und stell dich stabil hin. Atme durch die Nase ein und leg dabei deine Hände auf deinen Brustkorb, sodass die Hände aufeinanderliegen. Beim Ausatmen streckst du deine Hände nach oben in die Luft. Beim Einatmen legst du die Hände wieder auf deinem Brustkorb zusammen … Beim Ausatmen streckst du sie nach oben … Auf und ab – einatmen und ausatmen … Und nun beweg dich langsam hier in dem Raum, atme aus und streck dabei deine Hände nach oben … Einatmen und die Hände dabei in der Mitte des Brustkorbes aufeinanderlegen … Gehe vorsichtig und achtsam hier im Raum umher, atme dabei und streck deine Arme nach oben aus und wieder nach unten … (*ca. 2 Minuten*). Bleib jetzt stehen und spüre, wie du dich jetzt fühlst.

Den Körper grüßen
(für Kinder ab 8 Jahren)

Ziel: In der Fantasie den Atem zu verschiedenen Teilen des Körpers zu schicken. In den entsprechenden Körperteilen wird eine intensivere Versorgung mit Sauerstoff erreicht und die Entspannung der Muskulatur angeregt. Es entsteht eine stärkere Wahrnehmung des eigenen Körpers. Diese Übung kann im Sitzen oder Liegen durchgeführt werden. Die Kinder sollten schon etwas Erfahrung mit Atemübungen haben. Je nach Stimmung der Kinder können Sie die Übung verkürzen oder verlängern und entsprechend viele Organe oder Körperteile ansprechen.

Anleitung: Setz dich bequem hin, die Wirbelsäule aufrecht, die Füße stehen nebeneinander auf dem Boden. Schließe deine Augen und atme tief ein und aus. So wie du es schon kennst … Du kannst in dieser Atemreise einigen Teilen deines Körpers liebe Grüße schicken. Fange bei deinen Füßen an … Atme ein, und beim Ausatmen schickst du mit dem Atem liebe Grüße zu deinen Füßen … Mach das noch einmal … Jetzt schicke beim Ausatmen deinen Knien liebe Grüße … und noch einmal … Jetzt bekommt dein Bauch liebe Grüße von dir … Atme durch die Nase ein und beim Ausatmen stellst du dir vor, dass liebe Grüße in deinen Bauch fließen … immer zweimal … Schicke jetzt deinem Herzen liebe Grüße … und jetzt noch mal. Und jetzt tu deinen Schultern etwas Gutes … Atme durch die Nase ein und mit dem Ausatmen fließen liebe Grüße zu deiner rechten Schulter … und beim nächsten Ausatmen zu deiner linken Schulter … In jede Schulter lässt du zweimal liebe Grüße fließen … Schicke jetzt liebe Grüße an deinen Hals … und noch einmal … Atme jetzt in deinen Kopf und grüße ihn mit deinem Atem … und noch einmal … Schicke jetzt deinen Händen liebe Grüße … erst der einen Hand … dann der anderen Hand … In jede Hand lässt du zweimal liebe Grüße fließen … Spüre, wie sich dein Körper jetzt anfühlt … Komm nun wieder hierher zurück, bewege deine Hände und Füße, recke und strecke dich, öffne deine Augen und sei ganz erfreut und entspannt wieder hier.

2.3 Entspannungsübungen

Heutzutage gibt es vielfältige Entspannungstechniken, die darauf abzielen, Körper und Geist von einem angespannten in einen entspannten Zustand zu bringen. Das vegetative Nervensystem steuert die Ausrichtung unseres Körpers mehr auf Aktivität oder Ruhe hin. Beides ist notwendig. Solange Stresssituationen und Entspannungsphasen im Gleichgewicht stehen, befindet sich auch der Mensch im seelischen Gleichgewicht. Folgen jedoch Stresssituationen so eng aufeinander, dass keine ausreichende Entspannung mehr erreicht werden kann, oder sind die stressigen Situationen so sehr ausgeprägt, dass kein normales Entspannungsniveau mehr erreicht wird, dann kommt

Kinderbild: »Entspanntes Kind«

es zu körperlicher und seelischer Erschöpfung. Im günstigsten Fall besteht ein Gleichgewicht zwischen Stress und Entspannung. Entsteht durch äußere oder innere Umstände längerfristig ein Ungleichgewicht zugunsten der Anspannung, dann ist es spätestens notwendig, aktive Entspannung in den Tagesablauf einzubeziehen.

Kindern fällt es oft leichter, sich zu entspannen, da sie noch nicht durch jahrelange einseitige Prägungen belastet sind. Grundsätzlich ist Entspannung für alle Altersgruppen möglich und wohltuend. Selbst für Babys werden Entspannungsmassagen und Bewegungen angeboten, die ein harmonisches Gleichgewicht herstellen sollen. Das Lernen von Entspannungsmethoden sollte längerfristig angelegt sein und mit der Zeit zu mehr Ruhe, Gelassenheit, Konzentration und Achtsamkeit sich selbst gegenüber führen. Hilfreich ist es, einen kleinen Werkzeugkoffer mit Übungen bei sich zu haben, um bei Bedarf die passende herauszunehmen, um die Kinder entsprechend zu fördern.

Neben der körperlichen Entspannung wird in fast allen Entspannungsübungen auch der Geist mit angesprochen, sodass sich auch hier ein entspannter Zustand einstellen kann. Bei Kindern ist es notwendig, ausführlicher und immer wieder über die hilfreiche Unterstützung von Entspannung zu sprechen, da sie dadurch leichter lernen können, die Übungen wie selbstverständlich bei Bedarf in ihrem Alltag einzusetzen. Generell ist der spielerische Umgang mit Entspannung wichtig. Es sollte als etwas Normales vorgestellt werden, das allen Menschen Gutes bringt, die es kennen und anwenden.

Zahlreiche Untersuchungen zeigen die günstigen Auswirkungen der Entspannung auf Konzentrationsfähigkeit, Schulleistungen sowie gesundheitliche und psychische Probleme. Zudem haben besonders ältere Kinder etwas in der Hand, um sich in akuten Stresssituationen selbst zu helfen. Die bekanntesten Entspannungsverfahren sind das Autogene Training und die Progressive Muskelentspannung ebenso wie geistig-meditative Übungen, Yoga, Tai-Chi und Qigong. Im Wesentlichen unterscheiden sich diese Verfahren in der Zielsetzung und in der Ausübung. Das Kindermentaltraining verwendet Elemente aus all diesen Verfahren in seinen Übungen.

Zwergentanz
(für Kinder ab 4 Jahren)

Ziel: Sich zu entspannen und dabei in der Vorstellung Freude und Leichtigkeit zu spüren.

Anleitung: Setz dich ganz bequem hin, die Füße stehen nebeneinander auf dem Boden. Schließe deine Augen, atme durch die Nase ein und blase den Atem durch den Mund wieder aus. Sicher hast du schon von Zwergen in Märchen gehört. Kannst du dir einen Zwerg vorstellen? Jetzt möchte ich dich einladen, in deiner Fantasie die Zwerge zu besuchen … Stell dir nun vor, du sitzt ganz gemütlich und entspannt auf einer Bank am Waldesrand … Die Sonne scheint und du spürst die warmen Sonnenstrahlen auf deiner Haut … Du siehst den Wolken am Himmel zu … und träumst so vor dich hin … Es geht dir richtig gut dabei … Dann schaust du dich um und siehst in einiger Entfernung kleine Zwerge. Sie tanzen miteinander. Ganz leicht und beschwingt bewegen sie sich … Das interessiert dich, und du gehst langsam auf die tanzenden Zwerge zu. Sie sehen dich und winken dir. Ein kleiner Zwerg kommt auf dich zu und lädt dich zum Tanzen ein. Er reicht dir die Hand und du spürst, wie du jetzt selbst ganz locker und entspannt wirst, so wie die Zwerge … Du spürst die Entspannung in deinem ganzen Körper … Du bewegst dich leicht und locker und schwebst voller Freude mit den Zwergen in einem wunderschönen Tanz … Leicht und vollkommen entspannt tanzt du den Zwergentanz … Jetzt flüstert dir ein Zwerg etwas ganz Schönes in dein Ohr. Du hörst genau hin und freust dich sehr darüber … Bedanke dich jetzt bei den Zwergen für diesen wunderschönen Tanz und verabschiede dich … Komm nun in deinem Tempo wieder hierher zurück, bewege deine Hände und Füße, recke und strecke dich, öffne deine Augen und sei ganz fröhlich und entspannt wieder hier in diesem Raum.

Nasser Bär

(für Kinder ab 3 Jahren)

Ziel: Sich immer mal zwischendurch zu entspannen und zu erfrischen. Diese Übung wird im Stehen durchgeführt. Machen Sie diese Übung mit, damit die Kinder sehen, wie sie sich schütteln können.

Anleitung: Stell dich stabil hin, die Füße etwas auseinander, und stell dir vor, du bist ein Bär, der gerade aus dem Wasser kommt. Er ist ganz nass und schüttelt sich. Schüttle das Wasser ab, das in deinem Fell ist. Bleib dabei auf deinem Platz stehen und schüttle … die Arme … die Beine … den Kopf … deinen ganzen Körper … bis du das ganze Wasser abgeschüttelt hast. Und nun stehst du in dieser riesigen Wasserpfütze und darfst hineinspringen … Huh, das Wasser spritzt überall hin …

Gummikinder

(für Kinder ab 4 Jahren)

Ziel: Akute Körperspannung abzubauen und wieder beweglich zu werden, innerlich und äußerlich. Sie eignet sich gut bei einem Stunden- oder Themenwechsel.

Anleitung: Ich möchte euch einladen, jetzt ganz beweglich zu werden. Du kannst dir gleich vorstellen, dass dein Körper aus Gummi besteht. Stell dich hin, die Füße etwas auseinander, sodass du stabil stehst. Deine Arme hängen locker nach unten. Beginne jetzt, deine Hände leicht zu schütteln ... Werde jetzt etwas schneller und schüttle dabei auch deine Arme und Schultern. Stell dir jetzt vor, du bist aus Gummi und schüttelst und bewegst deinen Oberkörper und deine Arme, als wären sie aus Gummi ... Die Füße stehen dabei fest auf dem Boden. Lass nun auch deinen Kopf sich bewegen ... deinen Hals, deinen Oberkörper und auch deine Beine ... Du schüttelst und bewegst dich wie ein Gummikind ... Lass jetzt die Bewegungen etwas langsamer werden ... und noch langsamer ... und stopp! Schließe kurz deine Augen und fühle, wie es deinem Körper jetzt geht ... Atme durch die Nase ein und durch den Mund wieder aus ... Jetzt öffne die Augen, recke und strecke dich und sei ganz erfrischt wieder hier.

Viele kleine Kätzchen

(für Kinder ab 4 Jahren)

Ziel: Innerlich zur Ruhe zu kommen und sich selbst das Gefühl der Geborgenheit zu geben. Diese Übung kann sehr gut im Liegen durchgeführt werden. Wenn dies räumlich nicht möglich ist, geht es auch im Sitzen.

Anleitung: Setze oder lege dich ganz bequem hin und schließe deine Augen. Stell dir vor, du bist ein kleines Kätzchen ... Du liegst ganz gemütlich an einem schönen Platz in der warmen Sonne ... Du fühlst dich richtig wohl ... Du spürst dein weiches Fell ... Welche Farbe hat es? ... Es ist warm und gemütlich ... Du fühlst dich sicher und geborgen ... Du genießt diesen ruhigen Platz ... Du atmest ruhig und entspannt ein und aus ... Spüre die Ruhe in dir ... Dieses wohlige Gefühl der Geborgenheit nimmst du mit, wenn du jetzt wieder hierher in diesen Raum kommst ... Bewege deine Hände und Füße, recke und strecke dich, öffne deine Augen und sei wieder ganz du selbst.

Augen-Entspannung

(für Kinder ab 6 Jahren)

Ziel: Die Augen zu entspannen und ihnen eine erfrischende Stärkung zu gönnen. Die Übung kann sehr gut im Sitzen durchgeführt werden.

Anleitung: Setz dich gerade hin, die Füße stehen auf dem Boden, dein Rücken ist aufrecht. Atme einige Male durch die Nase ein und durch den Mund wieder aus. Ich lade dich jetzt ein, deinen Augen eine erfrischende Stärkung zu gönnen. Lass nun deine Augen langsam nach oben wandern, so weit sie wollen ... und nun so weit nach unten, wie sie wollen … Mach das jetzt weiter … nach oben … Und die Augen wandern wieder nach unten … nach oben und nach unten … Jetzt können sie sich in der Mitte ausruhen … (*Deuten Sie mit einer Handbewegung jeweils die Richtung an.*) Jetzt lass deine Augen langsam von links nach rechts wandern … und jetzt von rechts nach links … Mach das langsam weiter … von links nach rechts … von rechts nach links … und wieder nach rechts … und ganz langsam nach links … Jetzt lass sie in der Mitte ausruhen. Und nun lass deine Augen langsam von rechts oben nach links unten wandern … (*deuten Sie wieder diese Diagonalbewegung an*) und wieder hinauf nach rechts oben … Wiederhole das jetzt fünfmal hintereinander. Dann lässt du deine Augen wieder in der Mitte ruhen … Jetzt dürfen deine Augen im Kreis wandern, zuerst rechts herum, in Uhrzeigerrichtung … Fünfmal ziehen deine Augen einen großen Kreis … Lass sie jetzt wieder in der Mitte ruhen … Und nun wandern deine Augen im Kreis links herum, ganz langsam ziehen sie einen großen Kreis links herum … Mach das auch fünfmal … bis du sie wieder in der Mitte ausruhen lässt … Jetzt reibe deine Hände aneinander, bis sie ganz warm sind … Schließe nun deine Augen und halte deine Hände über deine Augen, ohne dass du die Augenlider berührst, damit sich die Augen mit der Wärme deiner Hände füllen können … In dieser angenehmen warmen Dunkelheit können sich deine Augen öffnen und die Stille genießen … (*ca. eine Minute*). Jetzt nimm ganz vorsichtig deine Hände von deinen Augen und gewöhn dich langsam wieder an das Licht hier in diesem Raum … Atme noch einmal tief ein und aus und fühl dich ganz erfrischt und entspannt.

Kleine Bootsfahrt

(für Kinder ab 6 Jahren)

Ziel: Die Gedanken zu beruhigen und eine entspannte und fröhliche Stimmung zu entwickeln. Diese Übung kann im Sitzen oder im Liegen durchgeführt werden.

Anleitung: Setz dich ganz bequem hin, deine Füße stehen nebeneinander auf dem Boden. Schließe deine Augen und atme durch die Nase ein und durch den Mund wieder aus. Stell dir einen kleinen, ruhigen See vor und siehe, wie du selbst ganz gemütlich in einem kleinen Boot sanft auf dem Wasser schwimmst … Du hörst das leise Plätschern der Wellen … und wenn noch Gedanken in deinem Kopf sind, so werden sie jetzt leiser und leiser … Du fühlst dich ruhig und entspannt … sanft und friedlich trägt dich dein Boot auf dem kleinen See dahin … In dieser Stille fühlst du dich sicher und geborgen … Deine Gedanken sind friedlich … Du spürst eine fröhliche Stimmung in dir … und mit diesem Gefühl trägt dich dein Boot an das Ufer … Komm in deinem Tempo wieder hierher zurück in diesen Raum. Bewege deine Hände und Füße, recke und strecke dich, öffne deine Augen und sei ganz entspannt und gut gelaunt wieder hier.

Sonnenlicht

(für Kinder ab 5 Jahren)

Ziel: Konzentration und Entspannung mit dem Gefühl des Eingebundenseins in die Natur zu verbinden. Diese Übung kann im Sitzen oder Liegen oder auch gut im Freien, im natürlichen Licht der Sonne durchgeführt werden.

Anleitung: Setz dich bequem hin und schließe deine Augen. Atme durch den Mund ein und durch die Nase wieder aus … Ein- und ausatmen … Du kannst jetzt gleich spüren, wie warm die Sonne scheint … Du kannst fühlen, wie die Sonne das Licht und die Wärme auf die Erde schickt. Stell dir dieses warme Licht vor, wie es durch deinen Kopf langsam in deinen Körper hineinfließt … Es rieselt langsam deinen Rücken hinab … durch die Wirbelsäule … Ganz langsam fließt das warme, goldene Licht der Sonne auch in deinen Bauch bis zu deinem Nabel … Spüre die angenehme Wärme in deinem Körper … Jetzt lass das warme, goldene Licht aus deinem Körper herausleuchten, um deinen Körper herum … um den Platz, an dem du sitzt … Alles um dich leuchtet und ist in das warme Licht getaucht … Lass jetzt dein Licht leuchten, bis wir alle in dem goldenen Licht baden können … (*ca. eine Minute*) Spüre dieses wohlige Gefühl und bring es mit, wenn du gleich mit deiner Aufmerksamkeit wieder hierher zurückkommst … Du kannst deine Hände und Füße bewegen, dich recken und strecken, deine Augen öffnen und wieder ganz entspannt hier sein.

Sich selbst stark machen

(für Kinder ab 5 Jahren)

Ziel: Durch Konzentration und inneres Sammeln sich selbst zu stärken. Diese Übung kann im Sitzen oder Liegen durchgeführt werden.

Anleitung: Setz dich bequem hin, die Füße stehen nebeneinander auf dem Boden. Schließe deine Augen und atme durch die Nase ein und durch den Mund wieder aus. Leg eine Hand auf deinen Bauchnabel … Dort ist der Platz, von wo wir uns große Kraft holen können … Atme tief ein und aus … Lass deinen Atem ganz tief hinabgehen bis zu deinem Bauch … Halte deine Hand dort und spüre, wie sich dein Bauch ausdehnt, wenn du einatmest … Stell dir jetzt vor, dass du mit jedem Einatmen Kraft einatmest, und dein innerer Kraftplatz wird größer und stärker … Atme ein … und wieder aus … Spüre jetzt, wie sich die Kraft in deinem ganzen Körper verteilt … Du weißt jetzt, dass du dich selbst jederzeit stark machen kannst … Öffne wieder deine Augen, recke und strecke dich und sei gestärkt wieder hier in diesem Raum.

Ein besonderer Tag
(für Kinder ab 5 Jahren)

Ziel: Aus der Erinnerung eines besonderen Tages heraus Glück und Freude zu erleben. Die Übung kann im Sitzen oder Liegen durchgeführt werden.

Anleitung: Setz dich ganz bequem hin, die Füße stehen nebeneinander auf dem Boden. Schließe deine Augen und atme tief durch die Nase ein und durch den Mund wieder aus. Manchmal gibt es Erlebnisse in unserem Leben, die sind ganz besonders schön. Die haben uns glücklich gemacht. Kannst du dich an so einen besonderen Tag erinnern? ... Stell dir nun vor, du hast gerade so einen besonders schönen Tag erlebt ... einen Tag, an dem du richtig glücklich warst ... Und du denkst zurück an all das, was du erlebt hast ... Spüre jetzt das Gefühl, glücklich zu sein ... Und du denkst an die Menschen, die vielleicht in deiner Nähe sind ... Sie spüren auch, wie glücklich du gerade bist ... Du strahlst es aus und gibst ihnen etwas von deinem Glücklichsein ... Genieße mit den Menschen, die um dich sind, dieses glückliche Gefühl und die Freude ... Nun komm in deinem Tempo wieder hierher zurück. Bewege deine Hände und Füße, recke und strecke dich, öffne deine Augen und sei mit diesem glücklichen Gefühl wieder ganz hier in diesem Raum.

2.4 Körperwahrnehmungsübungen

Wenn wir in unserer Mitte sind, fühlen wir uns auch in unserem Körper wohl. Ein sinnvolles Ziel für uns ist es, mehr Bewusstheit über den eigenen Körper zu bekommen. Wir können dadurch Verspannungen rascher wahrnehmen und uns entsprechend entspannen. Die »Entfremdung« von unserem Körper beginnt oft bereits im Kleinkindalter, wenn zu wenig Körperkontakt erfahren wurde oder liebevolle körperliche Zuwendung fehlte. Dies äußert sich später in Unsicherheit, mangelndem Selbstwertgefühl oder in Kontaktschwierigkeiten. Ähnliches gilt für die Unterdrückung von Körpergefühlen bei Angst, Wut und Trauer. Jede unterdrückte Körperreaktion führt zu Anspannungen, im Laufe der Zeit auch zu Verspannungen. Es wird ein Muster manifestiert, und Gefühle werden kaum mehr wahrgenommen. Dadurch wird der freie Fluss der Lebensenergie blockiert.

Das Hineinspüren in den Körper kann geübt werden und trägt zur intensiveren Förderung des Körperbewusstseins bei. Auch über die bewusste Atmung können wir lernen, unseren Körper wieder mehr wahrzunehmen und einen liebevollen Kontakt zu ihm aufzubauen.

Liebevolle Zuwendung
(für Kinder ab 6 Jahren)

Ziel: Den Körper zu spüren und liebevolle Zuwendung sich selbst und auch anderen Menschen zu geben.

Anleitung: Setz dich ganz entspannt hin … Schließe deine Augen … Deine Füße stehen nebeneinander auf dem Boden, deine Hände liegen locker auf deinen Oberschenkeln …
Kannst du dich an eine Zeit erinnern, als dich jemand ganz liebevoll gehalten hat … dich vielleicht gestreichelt hat … Erinnere dich … Du spürst die sanfte Berührung … die Geborgenheit … Vielleicht kannst du den Geruch von damals wahrnehmen … Du spürst diesen Menschen, der dich so liebevoll hält und berührt … Du spürst, dass du geliebt wirst … angenommen wirst, so wie du bist … Du bist richtig, genau so, wie du bist … Genieße dieses Gefühl … Du spürst dieses zarte Gefühl in deinem Körper. Und nun kannst du in deiner Vorstellung dieses wunderbare Gefühl an einen anderen Menschen weitergeben … Wem möchtest du diese Zuwendung und diese Liebe schenken? … Sende sie jetzt einer Person … Sende diese zärtliche Zuwendung auf deine Weise … und du spürst, dass sie bei dieser Person ankommt … Jetzt kannst du noch anderen Menschen diese Liebe senden … Menschen, die du magst … an die du gerne denkst … Du genießt das Gefühl, dass du selbst geliebt wirst und Liebe weitergeben kannst. Liebe und sanfte Berührung, die du in jeder Zelle deines Körpers spürst …
Nun komm langsam wieder hierher zurück … Mach das in deinem Tempo … Du bewegst deine Hände und Füße … atmest etwas tiefer ein und aus … öffnest deine Augen … Du reckst und streckst dich und bist erfrischt und ausgeruht wieder hier in diesem Raum.

Gegensätze
(für Kinder ab 7 Jahren)

Ziel: Mithilfe dieser Übung können die Kinder die Wahrnehmung ihres eigenen Körpers verbessern und ein besseres Gespür für ihn entwickeln.

Anleitung: Du hast jetzt die Möglichkeit, deinen Körper etwas besser kennenzulernen und zu erforschen. Leg dich dazu bitte bequem hin, schließ die Augen, komm zur Ruhe und entspann dich. Achte auf deinen Atem, ziehe die Luft tief ein und puste sie dann langsam und gründlich wieder hinaus …
Wie fühlt sich dein Körper an? … Versuche nun, tief einzuatmen und die Luft kurz anzuhalten … Wie fühlt sich dein Körper jetzt an? … Atme jetzt normal weiter …

Fühle nun in dich hinein, welche Temperatur dein Körper hat. Wo ist er kalt, wo ist die kälteste Stelle? Welche Teile sind warm, wo ist die wärmste Stelle? Du kannst mit deinen Händen über deinen Körper fahren und sie so als Thermometer einsetzen … Jetzt erforsche die Oberfläche deines Körpers. Du kannst wieder mit den Händen tasten. Wo ist dein Körper weich, wo fühlt er sich hart an? Was ist die härteste, was die weichste Stelle? … Versuche jetzt zu fühlen, wie schwer dein Körper ist. Welches ist der schwerste Teil deines Körpers? Welche Teile sind leichter, was ist das Leichteste an dir? …
Stell dir nun vor, dass von oben nach unten in der Mitte deines Körpers eine Trennungslinie verläuft. Vergleiche die rechte mit der linken Seite. Was fühlt sich anders an? Was ist besonders für die linke, was für die rechte Seite? Stell dir die Organe vor, deine Muskeln, die auf jeder Seite verlaufen, wo sie unterschiedlich sind und wo sie sich ähnlich sind …
Vergleiche jetzt das Innere deines Körpers mit der Außenseite, die Organe, Muskeln und das Blut innen mit der Haut und deiner äußeren Erscheinung. Wozu brauchst du das Innere, wozu das Äußere? Gibt es Gemeinsamkeiten, ist sich etwas ähnlich? …
Jetzt stell dir bitte vor, dass eine Trennungslinie durch deinen Körper in der Mitte von rechts nach links verläuft, sodass du am Beckenknochen geteilt bist in oben und unten. Vergleiche nun den oberen mit dem unteren Teil deines Körpers: Aus welchen Teilen besteht jede Hälfte, wie ist jeweils das Gewicht, die Muskeln, die Temperatur? …
Überleg dir noch mehr Unterschiede und Gegensätze deines Körpers – die Vorder- und Rückseite, den Kopf und die Füße … Welche Unterschiede und Gemeinsamkeiten fallen dir noch ein? (*Lassen Sie den Kindern dafür ca. eine Minute Zeit.*)
Öffne jetzt langsam wieder deine Augen, streck dich ein wenig, setz dich aufrecht hin und sei wieder ganz hier in diesem Raum … Wie hat euch dieses Spiel gefallen? Wie unterscheidet sich euer Oberkörper vom Unterkörper? Welche Körperteile habt ihr am stärksten gespürt?

Bewusst gehen

(für Kinder ab 6 Jahren)

Ziel: Ein Bewusstsein für die Bewegungsabläufe unseres Körpers beim Gehen zu bekommen.

Anleitung: Stellt euch in einem Kreis auf, dreht euch nach rechts und beginnt langsam, im Kreis zu gehen. Atme nun durch die Nase ein und durch den Mund wieder aus. Sei ganz still dabei … Achte jetzt auf deine Füße, während du langsam im Kreis gehst … Wie fühlen sich deine Fußsohlen beim Gehen an? … Setze einen Fuß vor den anderen, gehe jeden Schritt mit Achtsamkeit … Welche Teile deines

Körpers bewegst du noch dabei? … Welche Muskeln? … Welche Gelenke? … Gehe weiter im Kreis und spüre, wie dich dein Körper beim Gehen unterstützt … Bleib jetzt stehen, schüttle deine Arme und Beine und sei wieder ganz hier in diesem Raum.

Sprechende Hände

(für Kinder ab 5 Jahren)

Ziel: Die Kinder werden sich durch spielerische Übung der Bedeutung ihrer Hände bewusster und bekommen dadurch ein Gefühl dafür, was sie mit ihnen alles ausdrücken können.

Anleitung: Ich möchte jetzt mit euch ein Spiel mit euren Händen machen. Lasst uns mal überlegen, was wir alles mit unseren Händen machen können … (*Lassen Sie die Kinder hier einige Vorschläge bringen, was ihnen dazu einfällt.*) Denkt jetzt mal darüber nach, was eure Hände in bestimmten Situationen machen, zum Beispiel wenn ihr von der Schule nach Hause kommt und eure Mutter, euren Vater, eure Geschwister begrüßt … Was tun eure Hände, wenn ihr eine Prüfung schreibt? … Wenn ihr aufgeregt seid? … Wenn ihr Angst habt? … Wenn ihr euch freut? … (*Geben Sie den Kindern auch hier genug Zeit zum Überlegen und Antworten.*)

Jetzt machen wir zusammen eine kleine Übung. Sucht euch ein anderes Kind aus, mit dem ihr diese Übung gern machen wollt. Setzt euch einander gegenüber auf zwei Stühle – so nah, dass ihr euch an den Händen fassen könnt. Gebt einander die rechte Hand, als wolltet ihr euch zur Begrüßung die Hände schütteln. Einigt euch darauf, wer mit der Übung beginnt. Derjenige, der das tut, wird jetzt als Erstes Botschaften mit der Hand ausdrücken, danach ist der andere dran.

Die erste Botschaft lautet: Ich mag dich. Sprecht bitte nicht und versucht, dieses Gefühl nur mit dieser einen Hand auszudrücken, die ihr eurem Partner gegeben habt … (*Warten Sie nach jeder Aufgabenstellung einige Sekunden ab, bis die Kinder bereit sind.*)

Jetzt hätte ich gerne, dass ihr mit eurer Hand das Gegenteil ausdrückt: Ich mag dich nicht … Dann: Ich habe Angst vor dir … Ich würde gerne mit dir spielen … Ich bin traurig … Ich freue mich, dass wir uns treffen …

Jetzt verabschiedet euch mit euren Händen voneinander … Ihr habt jetzt drei Minuten Zeit, euch miteinander darüber zu unterhalten, wie ihr diese Übung fandet. Wie habt ihr euch dabei gefühlt? Was konntet ihr gut mit den Händen ausdrücken, was war schwerer? Habt ihr verstanden, was euch der andere mit seiner Hand gesagt hat?

Lasst uns alle gemeinsam darüber sprechen: Wie hat euch diese Übung gefallen? … Was war schwer auszudrücken und warum? … Überlegt mal: Wann sind eure Hände warm, wann sind sie kalt? … Wie pflegt ihr eure Hände? … Ist die Haut trocken? … Schneidet ihr euch eure Nägel selbst, beißt ihr sie vielleicht sogar ab? … Was könnt ihr tun, um eure Hände künftig besser zu behandeln?

2.5 Wertschätzungsübungen

Wertschätzung – sich selbst und anderen gegenüber

Mit Wertschätzung ist eine innere Haltung der Achtung und des respektvollen Umgangs miteinander gemeint: Ich achte mein Gegenüber, wende mich ihm zu, gehe freundlich und herzlich mit ihm um. Die Zuwendung ist nicht an Bedingungen geknüpft. Schätze und achte ich mich selbst, fällt es mir wesentlich leichter, auch die Menschen zu achten und wertzuschätzen, mit denen ich zusammen bin. Ich bringe ihnen Vertrauen entgegen, bin wahrhaftig und sehe die Welt auch einmal mit ihren Augen.

Im Umgang mit Kindern hat die Wertschätzung eine besondere Bedeutung – nehmen sie doch alles wörtlich, was Erwachsene ihnen entgegenbringen. Erlebt ein Kind, dass es »wertvoll« ist, traut es sich viel mehr, seine Lebendigkeit und Kreativität zum Ausdruck zu bringen. Für uns Erwachsene ist es wichtig, die Urteile und Bewertungen beiseitezulassen, um den Kindern das Gefühl zu geben, dass sie Fehler machen und durch Erfahrung lernen dürfen. Das heißt aber auch, ihnen die eigenen Grenzen aufzuzeigen und sie dennoch in ihrer Einzigartigkeit zu unterstützen. Eine wichtige Aufgabe der Erwachsenen besteht darin, das natürliche Wachstum der Kinder zu respektieren und sie nicht ständig verändern zu wollen. Kinder, die in ihrem Umfeld Wertschätzung erfahren, können sich selbst wertschätzen und als Erwachsene respektvoll miteinander umgehen.

Sich gegenseitig achten

(für Kinder ab 6 Jahren)

Ziel: Die Erfahrung, sich in einer belastenden Situation wieder zu versöhnen und sich gegenseitig zu achten.

Anleitung: Setz dich bequem auf deinen Stuhl … Schließe deine Augen und atme in deinem Rhythmus ein und aus … Beobachte deinen Atem, wie er kommt und geht … wie von selbst … ein und aus … Stell dir nun vor, du bist an einem Platz, den du kennst und an dem du dich ganz wohlfühlst. Das kann bei dir zu Hause sein oder irgendwo in der Natur … Du spürst dich selbst und weißt, du bist liebenswert, so wie du bist …

Nun stell dir vor, dass eine Person auf dich zukommt, auf die du ärgerlich bist … oder jemand, der auf dich ärgerlich ist … Das kann ein Erwachsener sein oder ein

Kind … Stell dir vor, dass ihr euch anschaut … und innerlich sagst du zu der Person: Es tut mir leid, dass es so gekommen ist … Und die Person sagt ebenfalls zu dir: Auch mir tut es leid, dass es so weit gekommen ist … Ihr schaut euch an, geht noch ein wenig näher aufeinander zu … und reicht euch dann die Hand … Beide neigt ihr ganz leicht den Kopf und sagt euch gegenseitig: Ich achte und respektiere dich … Und beide wisst ihr, auch wenn ihr Streit oder Ärger miteinander hattet: Jetzt kann es wieder gut sein … Ihr verabschiedet euch und jeder geht seinen Weg …
Und nun komm in deinem Tempo wieder hierher zurück … Wenn du so weit bist, kannst du deine Hände und Füße bewegen, dich recken und strecken, deine Augen öffnen und ganz entspannt und voller Freude wieder hier sein.

Geschenke verteilen

(für Kinder ab 7 Jahren)

Ziel: Einander zu beschenken und sich damit gegenseitig eine Freude zu bereiten. Die Übung kann gut im Stuhlkreis durchgeführt werden. Als Materialien werden Papier (mehrere kleine Zettel) und Stifte benötigt.

Anleitung: Ich möchte euch jetzt dazu einladen, einander zu beschenken. Stell dir vor, du kannst alles auf der Welt verschenken. Du kannst jedes Geschenk machen, groß oder klein, auch ganz ungewöhnliche Geschenke, eben alles, was du möchtest. Schau dir deinen rechten Nachbarn an, dem du jetzt etwas schenken darfst … Nimm dein Papier und schreibe auf, was du diesem Kind schenken möchtest. Du hast dafür drei Minuten Zeit …
Jetzt fängt ein Kind an, seine Geschenke zu verteilen. Stell dich vor das Kind und sag, was du ihm schenkst. Nenne auch den Namen des Kindes. Sag zum Beispiel: »Claudia, ich schenke dir einen großen Eisbecher, weil du doch so gerne Eis isst.«

Wenn genügend Zeit zur Verfügung steht, kann das Kind auch seinen linken Sitznachbarn beschenken. Jüngere Kinder können das Geschenk als Bild malen.

Das Erfolgstagebuch

(für Kinder ab 7 Jahren)

Ziel: Sich auf das zu fokussieren, was einem gut gelingt. Dadurch kann das Selbstbild positiv verändert werden. Selbstvertrauen ist kein Zufall. Diese Übung hilft den Kindern, dieses Vertrauen in sich selbst systematisch aufzubauen.

Kinderbild: »Ich mag mich«

Anleitung: Jedes Kind braucht ein Heft oder ein kleines Buch zum Reinschreiben. Es kann ein schönes Schreibheft oder auch ein Tagebuch zum Abschließen sein. In dieses Erfolgstagebuch trägt das Kind jeden Abend alles ein, was ihm gut gelungen ist. Jedes Lob und jede Anerkennung, wenn es eine Aufgabe erfüllt hat, wenn es diszipliniert war, wenn es einen Menschen glücklich oder ihm eine Freude gemacht hat. Auch wenn sich das Kind selbst etwas Gutes getan hat, soll das in sein Erfolgstagebuch eingetragen werden. Es sollten täglich mindestens fünf Dinge darin stehen.
Am Anfang brauchen die Kinder noch Unterstützung, indem sie auf die positiven Dinge aufmerksam gemacht werden. Denn oft schätzen sie es selbst nicht, wenn sie etwas gut machen, oder viele Dinge sind schon selbstverständlich. Mit der Zeit, wenn das Selbstvertrauen wächst, wird das Kind große Freude daran haben, und es werden ihm meist mehr als fünf Dinge einfallen. Von Zeit zu Zeit sollte sich das Kind dieses Buch immer wieder durchlesen, damit es selbst merkt, wie viele Erfolge es jeden Tag hat. Das Erfolgstagebuch sollte natürlich wie jedes Tagebuch sehr vertraulich behandelt werden. Nur das Kind selbst hat Zugang dazu. Auch brauchen die Inhalte nicht bekannt gegeben werden.
Motivieren Sie die Kinder immer wieder dazu, dass sie sich wichtig genug nehmen, über sich selbst zu schreiben. Je mehr Selbstvertrauen ein Kind hat, desto mehr traut es sich zu. Ob wir stehen bleiben oder weitermachen, hängt immer wieder davon ab, ob wir das Selbstvertrauen besitzen, den nächsten Schritt zu wagen!

In den Kindergruppen bekam jedes Kind ein solches Erfolgstagebuch. Anfangs benötigten die Kinder noch Vorschläge, was sie alles so hineinschreiben können. Dann erzählten sie oft gerne und von sich aus, was ihnen alles gut gelungen war – hier einige Beispiele:

- »Ich habe freiwillig meinen Teller in die Spülmaschine geräumt.«
- »Ich habe meinen Hamsterkäfig sauber gemacht.«
- »Ich habe meinen kleinen Bruder gestreichelt.«
- »Ich habe mich bedankt, weil mich meine Mutter von der Schule abgeholt hat.«
- »Ich habe mir mal ganz lange die Zähne geputzt.«
- »Ich habe mir selbst ein belegtes Brot gemacht.«
- »Meine Oma sagte mir, dass ich schön schreiben kann.«
- »Ich habe meinen Freund getröstet, als er eine schlechte Note geschrieben hat.«

Während das Kind täglich sein Erfolgstagebuch führt, lernt es, sich auf seine positiven Seiten zu konzentrieren. Unser Tipp: Führen Sie selbst einige Monate ein Erfolgstagebuch. Sie werden erstaunt sein, wie sich Ihr Selbstbild verändert.

Bestandsaufnahme – Wer bin ich?

(für Kinder ab 8 Jahren)

Ziel: Mit sich selbst und den eigenen Wünschen in Kontakt zu kommen. Diese Übung kann im Unterricht als Projektarbeit durchgeführt werden. Als Material wird ein kleines Herz benötigt, welches gemalt und ausgeschnitten oder gebastelt werden kann. Die Übung kann je nach Altersgruppe etwas verändert und angepasst werden.

Anleitung: Nimm dir jetzt Zeit und Ruhe und schau dir dein Herz genau an. Begrüße es auf deine Art. Rieche an ihm, fühle es, spüre es. Komm mit ihm in Kontakt und fühl dich ganz in dein Herz hinein. Vielleicht ist es heute das erste Mal für dich, dass du mit deinem Herzen sprichst. Stell dich vor, sag ihm, wer du bist. Sag ihm, dass es für dich heute ganz wichtig ist, dass es dir antwortet. Du möchtest dich etwas besser kennenlernen. Es soll dir aus seiner Sicht sagen, wer du bist. Stell ihm dann Fragen: »Mein liebes Herz:

- Wer bist du?
- Was ist dein größter Wunsch?
- Was ist deine größte Angst?
- Was macht dir am meisten Freude?
- Was sind deine Schwächen?
- Was sind deine Stärken?«

Schreibe alles Wichtige auf ein Blatt Papier. Schreibe die Fragen und die Antworten auf. Es können auch mehrere Antworten auf eine Frage sein.

Eine bunte Blumenwiese
(für Kinder ab 4 Jahren)

Ziel: Die Sinne anzuregen und in entspanntem Zustand die Gemeinschaft zu erleben. Diese Übung wird im Stehen, am besten in einem Kreis durchgeführt.

Anleitung: Stell dich ganz bequem hin. Deine Füße stehen nebeneinander auf dem Boden und dein Rücken ist gerade. Atme durch die Nase ein und durch den Mund wieder aus. Schließe deine Augen und lass deinen Atem kommen und gehen … Stell dir jetzt vor, dass du eine schöne Blume bist … Du kannst eine Blume sein, die im Garten wächst oder in der freien Natur … oder eine Blume, die du dir ausdenkst … Welche Farbe hat deine Blüte? Rieche jetzt an deiner Blüte … Welchen Duft hat sie? … Kannst du sie riechen? … Schau dir die Blüte genau an … Wie sehen die Blätter aus? … Öffne jetzt deine Augen und gehe still als die Blume, die du bist, hier in diesem Raum umher. Du bist eine wunderschöne Blume und der Raum hier ist eine Wiese. Suche dir nun hier einen Platz, sodass eine duftende Blumenwiese entsteht. Nimm, ohne zu sprechen, auf der Wiese deinen Platz ein. Spüre, wie es ist, ein Teil dieser bunten Blumenwiese zu sein … Verwandle dich jetzt wieder in dich selbst und nimm das schöne Gefühl der Blume mit in deinen Tag.

Ich bin besonders
(für Kinder ab 6 Jahren)

Ziel: Den Kindern ein Bewusstsein für die Einmaligkeit eines jeden Menschen zu vermitteln und dadurch das eigene Selbstbewusstsein zu stärken. Als Materialien werden Papier und Stift benötigt.

Anleitung: Es gibt etwa sieben Milliarden Menschen hier auf der Erde. Und jeder ist einmalig. Jeder Mensch hat etwas, das ihn besonders macht. Was ist das Besondere an dir? Was magst du an dir? Was mögen andere an dir? (*Geben Sie einige Beispiele: Thomas hat schöne Augen, Nadine hat ein herzliches Lachen, Monika kann gut zuhören, Sebastian kann andere zum Lachen bringen.*)
Schreibe nun fünf Eigenschaften auf, die dich besonders machen. (*Danach können die Kinder ihre Notizen vorlesen und das Besondere mit der Klasse teilen.*)

2.6 Fantasiereisen

Fantasiereisen führen in die Innenwelt eines Menschen, die sensibel ist und respektiert werden will. Für die Integration dieser kreativen Form der Persönlichkeitsentwicklung in den Unterricht ist ein positives zwischenmenschliches Klima wichtig, damit die Kinder bereit sind, sich selbst ihrer inneren Welt zu öffnen, sich mit der Gruppe zusammen darauf einzulassen und sich auch entsprechend mitzuteilen. Sie wollen deutlich spüren, dass sie als Mensch in ihrer Eigenart angenommen sind, dass sie respektiert werden, so wie sie sind, und dass wir als Erwachsene an sie glauben und ihren inneren Kräften vertrauen. Sie sollen erfahren, dass ihre reiche Innenwelt einfühlsam verstanden und nicht bewertet oder beurteilt wird. Diese Form des Mentalen Trainings erfordert, wie alle anderen Bereiche auch, eine innere Haltung, die von Respekt, Einfühlungsvermögen und Empathie für die Kinder bestimmt ist. Es gibt hier kein Richtig oder Falsch. Im Mittelpunkt steht der Mensch mit seiner Erfahrung.

Der Begriff Fantasiereise wird für verschiedene Formen von Vorstellungsübungen verwendet. Sie sollen durch verbale Anleitungen zu vertieften Vorstellungen führen, um je nach Ziel Entspannung, Atmung, Lernen oder die Persönlichkeitsentwicklung zu fördern. Fantasiereisen regen vor allem diejenigen Gehirnpartien an, die bildhafte Muster erkennen, also die gesamte rechte Gehirnhälfte, und bringen den Menschen in Kontakt mit seiner Intuition und Kreativität. In der Regel enthalten Fantasiereisen die Elemente Entspannungsanleitung, Vorstellungsbilder und Rückholung. Einführend wird eine körperliche und geistige Entspannung, ein leichter Trancezustand angeregt. Diese Entspannung ist notwendig, um in tiefere Ebenen des Bewusstseins zu reisen. Folgende Formel kann, mit etwas tiefer und monotoner Stimme und langsam gesprochen, verwendet werden:

> »Setze oder lege dich ganz bequem hin … schließe deine Augen … atme nun durch die Nase ein und durch den Mund wieder aus … Wenn Gedanken kommen, lass sie einfach vorbeiziehen, wie kleine Wolken am Himmel … Du bist ruhig und entspannt … und du atmest in deinem eigenen Rhythmus … Du kannst dich ganz wohl und geborgen fühlen … Stell dir jetzt vor …«

Nach der Entspannungsanleitung wird die Szene vorgegeben, die die Vorstellungen in den verschiedensten Sinnesbereichen anregt. Der Inhalt richtet sich jeweils nach den Zielen der Fantasiereise.

Am Ende der Reise ist es wichtig, die Kinder aus dem entspannten Zustand wieder in das Alltagsbewusstsein zurückzuholen. Die Entspannung wird dabei aufgehoben und die Körperbewegung angeregt. Die Stimme wird wieder etwas kräftiger und die Worte etwas schneller gesprochen:

> »Die Bilder lösen sich jetzt auf … Du kannst deine Hände und Füße bewegen … Du atmest etwas tiefer ein und aus … Du kannst dich recken und strecken, die Augen öffnen und wieder ganz hier sein.«

Es ist auch möglich, Vorstellungsbilder mit offenen Augen zu erzeugen und sie mit konkreten Handlungen und körperlichen Aktivitäten zu verbinden, beispielsweise bei Atemreisen. Generell ist es wichtig, hier sehr einfühlsam zu sein. Oft ist es Kindern am Anfang noch nicht möglich, die Augen zu schließen, da sie noch nicht genug Vertrauen zur Gruppe oder zur Leitung aufgebaut haben.

Fantasiereisen können sehr vielfältig eingesetzt werden. Sie dienen immer auch der Entspannung, unabhängig von den sonstigen Zielen. Sie beruhigen den Geist, um so die Vorstellung von inneren Bildern zu begünstigen. Das Loslassen von Spannungen wird ebenso angesprochen wie das Gedankenkarussell, das sich im Gehirn der Kinder dreht, und die Atmung, die ein wichtiger Baustein des körperlichen Wohlbefindens ist. Fantasiebilder können auch dazu verwendet werden, bestimmte Ziele zu erreichen, die Konzentrationsfähigkeit zu erhöhen und die bildhafte Vorstellung zu fördern, was kreatives und schöpferisches Denken unterstützt.

Letztendlich zielen Fantasiereisen auf die Entwicklung der gesamten Persönlichkeit. Wenn sich Kinder wohlfühlen, sich als liebenswert erleben und ihre Kreativität entfalten dürfen, können sie leichter ihre Lernschritte im Leben gehen. Sie können durch die geführten Reisen erfahren, dass sie als Mensch wichtig sind, was ihr Selbstwertgefühl unterstützt und das Vertrauen in sich selbst fördert. Sie lernen, ihrer inneren Stimme zu vertrauen, selbstverantwortlich zu entscheiden, um so neue Ressourcen für ihr Leben zu gewinnen. Auch das soziale Lernen kann durch Fantasiereisen gefördert werden, etwa durch Vorstellungsübungen von konstruktiven Konfliktlösungen oder neuen Formen des Kontaktes mit anderen Menschen. Sie können Impulse für das persönliche Wachstum geben und neue Handlungsmöglichkeiten eröffnen.

Einfache Fantasiereisen, die der Entspannung und Atmung dienen, können Sie ausklingen lassen, um danach zu einer anderen Aktivität überzugehen. Manchmal ist es jedoch sinnvoll, über die Erfahrungen der Reise zu sprechen oder auch ein Bild malen zu lassen. Dabei kommt es auf die Darstellung des inneren Erlebens in konkreter oder symbolischer Form an. Oft macht es den Kindern große Freude, ihre Erlebnisse mit der Gruppe zu teilen oder sie auf ein Blatt zu malen und dann mit nach Hause zu nehmen. Das Gespräch über die Erlebnisse erfordert viel Einfühlungsvermögen. Freiwilligkeit ist hier unbedingte Voraussetzung. Niemand sollte zum Sprechen gezwungen werden. Auch auf Interpretationen sollte verzichtet werden.

Seien Sie offen und gespannt auf die kreativen Erfahrungen, die mit Fantasiereisen möglich sind. Fangen Sie mit kurzen Reisen an und steigern Sie allmählich die Dauer und Tiefe der Fantasiereisen.

Fantasiereise – Mit Freude lernen

(für Kinder ab 7 Jahren)

Ziel: Mit Freude zu lernen, aus der Erinnerung eine positive Lernsituation hervorzuholen und daraus Kraft und Zuversicht zu schöpfen.

Anleitung: Setze oder lege dich ganz bequem hin, schließe deine Augen und atme durch die Nase ein und durch den Mund wieder aus ... Und tief ein- und ausatmen ... Kannst du dich an die Freude und Begeisterung erinnern, mit der du als kleines Kind gelernt hast? Alles war damals interessant für dich ... Du wolltest alles ausprobieren ... In deiner Fantasie siehst du nun Bilder von dir selbst, als du etwas Neues und Interessantes gelernt hast ... Dir fällt jetzt eine Situation ein, als du etwas ganz Spannendes gelernt hast ... Erinnere dich an das gute Gefühl, das du damals hattest ... Vielleicht als du schwimmen gelernt hast ... oder Fahrrad fahren oder ein neues Spiel ... Sieh dir jetzt das Bild von damals genau an ... Du siehst dich ganz klar und deutlich ... Das Bild wird groß und farbig ... Wen siehst du noch auf dem Bild? ... Was kannst du hören? ... Du siehst und fühlst jetzt ganz deutlich, wie gut und mit welcher Freude du damals diese Lernerfahrung gemacht hast ... Genieße das Gefühl, dass du etwas gelernt hast, das du jetzt sehr gut kannst ... Du spürst ein Gefühl von Freude, Kraft, Selbstvertrauen ... Alles gelingt dir leicht ... Du bist stolz auf dich ... Du spürst ganz deutlich dieses Gefühl von damals, nimmst es ganz intensiv wahr ... Jetzt kannst du diese positive Lernerfahrung mitnehmen, hierher in diesen Raum ... Sie kann dir auch heute Sicherheit und Zuversicht für das Lernen geben ... jeden Tag wieder ... Komm jetzt in deinem Tempo wieder hierher zurück ... Du bewegst deine Hände und Füße, kannst dich recken und strecken, deine Augen öffnen und mit der Freude dieser guten Lernerfahrung wieder ganz hier sein.

Fantasiereise – Ein wunderbarer Schultag

(für Kinder ab 7 Jahren)

Ziel: Ein positives Bild vom Schulalltag zu erleben.

Anleitung: Setz dich ganz bequem hin, halte den Rücken gerade, schließe deine Augen und atme durch die Nase ein und durch den Mund aus. Atme ein und aus ... und während dein Atem von ganz alleine fließt, kannst du dir vorstellen, wie für dich ein wunderbarer Schultag aussehen würde ... Gab es schon einmal so einen besonders schönen Schultag? Du kannst jetzt einen solchen besonderen Schultag erleben ... Stell dir vor, dass du morgens aufwachst ... Du liegst noch in deinem Bett und reckst und streckst dich und hast ein gutes Gefühl ... weil du jetzt schon eine Ahnung hast, dass dies ein besonders guter Tag für dich wird … Beim Anziehen fühlst du dich wach und munter … Auch das Frühstück ist heute ganz außergewöhnlich. Dein Lieblingsessen steht auf dem Tisch, und es sitzen Menschen da, die du besonders gern hast … Nun gehst du aus dem Haus … und triffst sogleich ein paar gute Freundinnen und Freunde … Sie freuen sich, dass sie dich hier treffen, und gehen mit dir zur Schule … Jetzt kommt ihr am Schulgebäude an, und du weißt, dass du diesen Schultag heute so erlebst, wie du ihn schon lange erleben wolltest … Alles wird so kommen, wie es für dich passend ist. Der Unterricht macht dir heute richtig Spaß … Du betrittst dein Klassenzimmer … es riecht heute sogar etwas anders als sonst … und nun ertönt die Schulglocke … Auch ihr Ton erscheint dir etwas anders als üblich … Nimm jetzt in deiner Vorstellung an allen Stunden teil und lass sie so ablaufen, dass es für dich gut und passend ist … Die Lehrerinnen und Lehrer sind heute ganz besonders freundlich zu dir, und du kannst dich so sehen, wie du es gerne möchtest. Ich lasse dir jetzt Zeit, damit du diesen besonderen Schultag erleben kannst … Alle Mitschülerinnen und Mitschüler sind besonders freundlich, nett und hilfsbereit … Lass jetzt wie in einem Film diesen besonderen Schultag vor dir ablaufen (*ca. 2 Minuten*). Langsam geht dieser wunderschöne Schultag zu Ende … Gib ihm einen guten Schluss … und mach dich wieder auf den Heimweg … Komm gut und fröhlich dort an … Wenn du dann so weit bist, komm in deinem Tempo wieder hierher zurück … Du kannst deine Hände und Füße bewegen, dich recken und strecken … deine Augen öffnen und ganz erfreut wieder hier in diesem Raum sein.

Fantasiereise – Ein Krafttier finden

(für Kinder ab 7 Jahren)

Ziel: Einem Krafttier zu begegnen und die Ressourcen zur eigenen Stärkung zu verwenden. Nach der Reise kann das Krafttier gemalt werden. Das Bild erinnert daran, sich immer wieder mit den Stärken dieses Tiers zu verbinden. Die Kinder haben erfahrungsgemäß nach dieser Reise ein großes Redebedürfnis. Planen Sie etwas Zeit für einen Austausch ein.

Anleitung: Setze oder lege dich ganz bequem hin … Schließe deine Augen … und atme tief durch die Nase ein und durch den Mund wieder aus … Beobachte deinen Atem, wie er von selbst kommt und geht … Vielleicht hast du schon einmal gehört, dass sich die Indianer Krafttiere aussuchen, um sich mit den entsprechenden Fähigkeiten und Kräften dieser Tiere zu verbinden. In dieser Reise kannst du deinem Krafttier begegnen und es näher kennenlernen. Stell dir vor, du bist auf einer Wiese … Die Sonne scheint warm … Es ist ein wunderschöner Tag … In der Nähe plätschert ein Bach … Du setzt dich in das warme Gras … Du fühlst dich wohl und geborgen … Dann bemerkst du in einiger Entfernung ein Tier … Es ist

zuerst noch undeutlich ... doch als du näher hinschaust, spürst du, dass dieses Tier heute für dich hierhergekommen ist ... Du gehst langsam näher und weißt, es ist dir wohlgesonnen ... Das Tier scheint dich zu kennen ... und auch du kennst das Tier ... Ihr schaut euch an, ihr lächelt euch an ... Du erkennst jetzt ganz deutlich, welches Tier es ist ... und du begrüßt es auf deine eigene Art ... Du sagst ihm, wie sehr du dich freust, dass es heute hierhergekommen ist ... Dann fragst du das Tier, was seine Stärken sind ... worin sein Geheimnis liegt, die Kraft, die in ihm ist ... Du hörst gut zu, was es dir sagt ... Du fragst, wie du diese Kraft für dich nutzen kannst ... Und das Tier antwortet dir ... ganz deutlich hörst du die Botschaft ... und du spürst, dass es richtig und gut ist ... und dass du diese guten Eigenschaften auch in dir entwickeln kannst ... (*ca. eine Minute Schweigen*).
Jetzt ist es Zeit, dich von deinem Krafttier zu verabschieden ... Bedanke dich für die Mitteilungen ... und sag ihm für heute Auf Wiedersehen ... Du kannst jederzeit wieder hierherkommen und mit deinem Krafttier sprechen ... Es sagt auch dir Lebewohl und zieht sich wieder zurück ... Auch du kommst in deinem Tempo wieder hierher zurück ... bewegst deine Hände und Füße ... Du kannst dich recken und strecken, deine Augen öffnen und ganz erfrischt und gestärkt wieder hier sein.

Fantasiereise – Ängste loslassen

(für Kinder ab 5 Jahren)

Ziel: Ängste und Unsicherheiten leicht und spielerisch loszulassen, um entspannter, ruhiger und mutiger zu werden.

Anleitung: Setze oder lege dich ganz bequem hin, sodass du dich wohlfühlst. Schließe deine Augen und atme jetzt tief durch die Nase ein, bis dein Bauch rund wird, und dann lass die Luft durch den Mund wieder hinaus. Lausche auf deinen Atem, wie die Luft langsam durch die Nase in dich hinein- und wieder hinausfließt ... Sicher hast auch du manchmal Angst und fühlst dich dann unsicher oder wirst traurig ... vielleicht, wenn du im Kindergarten mit anderen Kindern spielen willst und dich nicht traust, sie zu fragen ... wenn du in der Schule bist und eine Schulaufgabe schreibst oder wenn du etwas alleine machen sollst ... Oder vielleicht hast du Angst, wenn du zum Arzt gehst und nicht weißt, was er machen wird ... Überleg dir nun, was deine Ängste sind, in welchen Situationen du dich nicht gut fühlst und am liebsten weglaufen würdest ... Jetzt stell dir vor, dass all diese Ängste kleine, schwarze Wölkchen in deinem Körper sind und zum Beispiel in deinem Bauch schweben, der manchmal grummelt, wenn du Angst hast ... oder in deinem Kopf, der weh tut, oder in deinen Händen, die kalt werden, wenn du dich nicht gut fühlst ... Und jetzt stell dir vor, dass du mit deinem Atem, der hell und weiß in dich hineinfließt, beim Ausatmen all die dunklen Angstwölkchen aus

deinem Körper hinauspustest. Atme jetzt tief ein, sammle die Ängste in deinem Bauch und puste sie weg nach draußen … Noch einmal tief die klare Luft einatmen und kräftig durch den Mund ausatmen … Mach das so lange, bis all die dunklen Wölkchen aus deinem Körper verschwunden sind und du dich hell und stark fühlst … Du bist jetzt ganz ruhig, dein Atem geht wieder langsam ein und aus … Du reckst und streckst dich ein bisschen, öffnest deine Augen und bist wieder ganz hier in diesem Raum.
Diese Übung kannst du immer machen, wenn du spürst, dass du vor etwas Angst hast, zum Beispiel beim Arzt im Wartezimmer, in der Schule vor einem Test oder wenn du in deinem Bett liegst und nicht einschlafen kannst. Puste deine Ängste mithilfe deines Atems hinaus, und es wird dir sofort bessergehen.

Fantasiereise – Ein Ziel erreichen

(für Kinder ab 7 Jahren)

Ziel: Sich ein Ziel vorzustellen, um den Weg dorthin klar zu sehen und es dadurch leichter erreichen zu können. Je nach Alter und Möglichkeiten können die Kinder nach dieser Übung ihr Ziel aufschreiben oder ein Bild davon zeichnen, um das Bild zu verankern.

Anleitung: Wenn wir uns ein Ziel genau vorstellen, können wir es viel leichter erreichen. Egal ob es um gute Noten und leichtes Lernen geht, ein sportliches Ziel oder darum, das eigene Zimmer endlich mal wieder aufzuräumen. Überleg dir jetzt kurz, was dein nächstes Ziel ist. Was willst du als Nächstes erreichen? …
Setze oder lege dich dazu bequem hin, schließe deine Augen und atme ganz ruhig durch die Nase ein und durch den Mund aus. Stell dir eine weite, grüne Wiese vor, auf der ein großer Baum steht, der seine starken Äste in alle Himmelsrichtungen ausstreckt. Du gehst auf diesen Baum zu, legst eine Hand auf die raue Rinde des mächtigen Stammes, spürst seine Kraft und lässt dich an seinen Wurzeln nieder … Du hörst das leise Rascheln der Blätter im Wind und entspannst dich ganz im Schatten dieses Baumes … Denke jetzt an dein Ziel … Du siehst dich selbst auf dem Weg dorthin. Du gehst einen Schritt nach dem anderen und machst genau das Richtige, um dieses Ziel zu erreichen … Schritt für Schritt. Du merkst, dass du alle Fähigkeiten hast, um dieses Ziel auch wirklich zu erreichen, und du erkennst deutlich den Weg dorthin. Alles geht wie von selbst, du gehst mühelos auf dein Ziel zu … Achte darauf, was du tust … was du sagst … wie du dich bewegst … wie du dich fühlst, wenn du deinem Weg folgst … (*ca. eine Minute*). Du weißt genau, dass du das Richtige tust. Das Ziel kommt immer näher … bis du schließlich dort angekommen bist, wo du hin wolltest. Stell dir vor, wie es aussieht, wenn du dein Ziel erreicht hast … wie du aussiehst … und wie du dich dort fühlst … Was sagst du

oder was tust du, wenn du angekommen bist? … Halte dieses Bild in deinem Inneren fest …. (*ca. eine Minute*).
Du spürst wieder, dass du unter dem großen Baum sitzt. Er gibt dir Kraft, dein Ziel zu erreichen. Langsam stehst du auf, hast dein Zielbild vor dir und den Baum im Rücken und bist glücklich, weil du weißt, dass du dein Ziel erreichen kannst … Langsam kommst du in deinem Tempo wieder hierher in diesen Raum zurück, atmest tief ein und aus, spürst den Boden unter dir, bewegst und streckst dich … öffnest wieder deine Augen und fühlst dich stark und erfrischt.

Fantasiereise – Wer und wie möchte ich sein?

(für Kinder ab 8 Jahren)

Ziel: Es zu lernen, dass unsere Fantasie grenzenlos ist und wir uns alles wünschen können. Manchmal passieren Wunder! Als Materialien werden Schreibsachen benötigt.

Anleitung: Setz dich aufrecht auf deinen Stuhl und schließe deine Augen. Atme durch den Mund ein und durch die Nase wieder aus. Nimm dir Zeit und Ruhe, zu ergründen, wer und wie du sein möchtest … Egal ob du ein Spitzensportler sein willst, ein Millionär, der auf seiner Jacht durch die Weltmeere segelt, ob du mehr Zeit mit deinem Hund verbringen möchtest, um mit ihm durch den Wald zu laufen, oder ob du andere Noten in deinem Zeugnis haben willst … Wer und wie möchtest du sein? …
Wenn du dir alles wünschen könntest, wenn es keine Grenzen für dich gäbe, wer möchtest du dann sein? … Wie möchtest du sein? … Wenn du alles haben könntest, wenn alles möglich wäre, was möchtest du dann haben? … Was willst du alles erreichen? … Was lässt dein Herz vor Freude hüpfen? … Wie möchtest du leben? … Wie möchtest du dich dabei fühlen? …
Du kannst diese Liste jederzeit – auch später noch – ergänzen. Öffne nun deine Augen und schreibe die Antworten auf. (*Falls ein Erfolgstagebuch vorhanden ist, wird dieses benutzt. Sonst können die Antworten auf ein Blatt Papier geschrieben werden.*) Bewerte deine Wünsche und Ziele nicht. Schreibe einfach alles auf, was dir in den Sinn kommt (*ca. 5 Minuten*). Jetzt lies dir deine Wünsche und Ziele noch einmal durch und stell dir vor, wie es ist, wenn du dieses Ziel erreicht hast. Stell dir bei jedem Wunsch vor, wie es für dich ist, wenn er sich erfüllt hat. Siehe dich und fühle, wie es ist, wenn sich all deine Wünsche erfüllt haben … Du kannst dabei deine Augen schließen. Wie in einem Film siehst du dich, und alle Wünsche haben sich erfüllt … (*ca. 5 Minuten*). Nun öffne deine Augen, atme tief ein und aus und bleibe in diesem guten Gefühl, dass sich all deine Wünsche erfüllt haben.

Nach dieser Übung können Sie mit den Kindern darüber sprechen, wie es ihnen gelungen ist, Wünsche und Ziele zu formulieren und sich deren Erfüllung vorzustellen. Wer will, kann von seinen Erfahrungen berichten. Die Wünsche und Ziele sollte allerdings jedes Kind für sich behalten.

Fantasiereise – Einen Schatz finden

(für Kinder ab 4 Jahren)

Ziel: Zu erfahren, dass sich in der Vorstellung alles erschaffen lässt. Dies erweitert die eigenen Grenzen und vermittelt ein Gefühl der Freude und Dankbarkeit. Die Übung kann im Sitzen oder Liegen durchgeführt werden.

Anleitung: Setz dich aufrecht auf deinen Stuhl, die Beine stehen nebeneinander auf dem Boden. Schließe deine Augen und atme durch die Nase ein und durch den Mund aus. Stell dir vor, du bist auf einer Wiese, es ist ein wunderschöner Sommertag … Du läufst auf der Wiese umher und spürst das Gras unter deinen Füßen. Und während du gemütlich läufst, spürst du, dass du hier auf dieser Wiese etwas finden wirst, und du bist dir sicher, dass dich deine Füße jetzt genau dahin führen … Hinter einem kleinen Gebüsch siehst du etwas blinken. Langsam gehst du näher und siehst eine kleine Schatztruhe … Du bist freudig überrascht, und vorsichtig beginnst du, den Deckel zu öffnen … Das gelingt dir ganz leicht, und nun siehst du den Schatz vor dir … Schau ihn dir genau an. Du kannst ihn auch anfassen … Du bist voller Freude und Dankbarkeit, denn du weißt, dass es dein Schatz ist und ein Geschenk, das du behalten darfst … Spüre dieses angenehme Gefühl in dir … Komm dann in deinem Tempo wieder hierher zurück, bewege deine Hände und Füße, recke und strecke dich, öffne deine Augen und fühl dich voller Freude und reich beschenkt.

Fantasiereise – Zaubern

(für Kinder ab 6 Jahren)

Ziel: Zu lernen, dass in der Vorstellung alles möglich ist. Zudem bekommen die Kinder ein Gefühl von Kraft und Stärke. Diese Übung kann im Sitzen oder Liegen durchgeführt werden.

Anleitung: Setz dich ganz bequem hin, die Beine stehen nebeneinander auf dem Boden. Schließe deine Augen und atme durch die Nase ein und durch den Mund wieder aus. Hast du schon einmal einen Zauberer erlebt? Du darfst dich jetzt in einen Zauberer verwandeln. Stell dir vor, du bist ein Zauberer und kannst dich selbst

Kinderbild: »Ich bin dankbar«

verzaubern. Welche gute Eigenschaft möchtest du verstärken? Möchtest du mutiger werden, fröhlicher oder stärker? Möchtest du mehr Vertrauen haben, Hoffnung, innere Ruhe oder mehr Erfolg? Ist es dir wichtig, geduldig zu sein oder großzügig? Wünschst du dir, selbstbewusst und stark zu sein? Dann stell dir vor, wie du dir mit deiner Zauberkraft diesen Wunsch erfüllst. Fühle die Eigenschaft in dir, die du eben gezaubert hast … (*ca. eine Minute*). Im Vertrauen darauf, dass du diese Eigenschaft nun auch im Alltag immer mehr spüren und entfalten kannst, kommst du wieder hierher zurück in diesen Raum. Du öffnest deine Augen, reckst und streckst dich und bist voller Freude wieder hier.

Fantasiereise – Klein und groß

(für Kinder ab 5 Jahren)

Ziel: Durch dieses Spiel werden sich die Kinder ihrer selbst und ihrer Größe bewusster, entwickeln mehr Verständnis für die Körpergröße anderer und können die Vorteile entdecken, die ihnen ihre gegenwärtige Körpergröße bietet.

Anleitung: Ich möchte jetzt mit euch eine Fantasiereise machen, in der ihr einmal Zwerg und einmal Riese sein dürft. Stell dich dazu erst einmal bequem hin und

schließe deine Augen. Streck nun beide Arme in die Luft, stell dich auf deine Zehenspitzen, mach dich so groß, wie du nur kannst, und versuche, mit deinen Fingerspitzen die Decke zu erreichen. Streck dich noch ein bisschen mehr, noch ein kleines Stückchen … gut. Lass die Arme wieder sinken, öffne die Augen und setz dich bequem hin.
Schließe nun deine Augen, bis ich dir sage, dass du sie wieder öffnen kannst. Atme jetzt etwas tiefer ein als sonst, ziehe die Luft in deine Lungen, bis sie ganz voll davon sind. Dann atme ebenso tief aus, bis du alle verbrauchte Luft ausgepustet hast.
Stell dir jetzt vor, dass du dich selbst siehst, in deiner normalen Größe, so wie du jetzt im Moment aussiehst. Betrachte dich in Ruhe und schau dich ganz genau an … Und jetzt stell dir vor, dass du auf einmal anfängst zu wachsen, bis du doppelt so groß bist wie jetzt. Wie siehst du aus als Riese? Schau dir zu, was du tust, wenn du so groß bist: Was machst du mit dieser Größe, wie fühlst du dich? Wie sieht deine Umgebung, alles um dich herum aus? Was kannst du als Riese machen, was du mit normaler Größe nicht tun könntest? Wie ist es, anderen Menschen zu begegnen? Du hast jetzt einige Minuten Zeit, um dir die Welt als Riese ganz genau auszumalen und herauszufinden, wie das Leben dann ist … (*ca. 2 Minuten*).
Stell dir nun wieder vor, dass du auf deine normale Größe zurückschrumpfst, bis du wieder genauso aussiehst wie jetzt. Und nun passiert genau das Gegenteil von vorhin: Du schrumpfst, bis du nur noch halb so groß bist wie in Wirklichkeit. Schau dich um. Wie sieht die Welt aus, wenn du so groß bist wie ein Zwerg? Wie fühlst du dich? Was kannst du machen, was du vorher nicht machen konntest? Und was kannst du jetzt nicht mehr tun? Wie siehst du die anderen Menschen? Du hast wieder ein paar Minuten Zeit, um dir die Welt als Zwerg vorzustellen … (*ca. 2 Minuten*).
Wachse in deiner Vorstellung wieder auf deine normale Größe an … Fühl deinen Körper, wie du auf dem Stuhl sitzt, beweg dich ein bisschen und komm langsam hierher in diesen Raum zurück … Öffne die Augen und sei wieder ganz hier, wach und frisch.
Jetzt erzählt mal: Wie habt ihr euch als Riese gefühlt, wie als Zwerg? Was sind die Vorteile, wenn man kleiner ist, was die Nachteile? Was ist leichter, was schwerer, wenn man größer ist? Kennt ihr Menschen, die ein Problem mit ihrer Größe haben? Gibt es Menschen, die ihr jetzt vielleicht besser verstehen könnt?

2.7 Konzentrationsübungen

Allgemeines zur Gehirnaktivierung

Unser Gehirn besteht aus zwei Hälften. Jede dieser beiden Hemisphären hat unterschiedliche Aufgaben:

- Die linke Gehirnhälfte kontrolliert die rechte Seite des Körpers, ist zuständig für Logik, Vernunft, mathematisches Denken, nimmt Details wahr, kontrolliert Sprache und Grammatik.

- Die rechte Gehirnhälfte kontrolliert die linke Seite des Körpers, ist zuständig für Kreativität, Gefühle, Instinkt, Intuition, hat den Überblick und koordiniert Bewegungen und physische Aktivität.

Die beiden Gehirnhälften sind zwar miteinander verbunden, jedoch schwankt die Intensität dieser Verbindungen, wovon wiederum unsere geistige Leistungsbereitschaft und unsere Möglichkeiten abhängen. Um unser Potenzial voll auszuschöpfen, brauchen wir also Übungen, mit deren Hilfe wir unsere beiden Gehirnhälften dazu bringen, zusammenzuarbeiten: die Konzentrationsübungen.

Ohrenwärmer

(für Kinder ab 4 Jahren)

Ziel: Für die Aufgaben des Tages oder für die Unterrichtsstunde wach und konzentriert zu sein.

Anleitung: Für diese Übung überkreuzt du deine Arme vor deinem Oberkörper und legst den rechten Daumen an das linke Ohr und den linken Daumen an das rechte Ohr. Jetzt massierst du beide Ohren mit Daumen und Zeigefinger von oben nach unten. Dadurch massierst du die Außenseiten deiner Ohren. Sie werden gut durchblutet und schön warm. Wiederhole dies dreimal. Diese Übung hilft dir, dich besser zu konzentrieren, und wärmt deine Ohren an kalten Tagen.

Wachmacher

(für Kinder ab 4 Jahren)

Ziel: Die Thymusdrüse zu aktivieren, um die Lebensenergie und Wachheit zu steigern.

Anleitung: Diese Übung geht kinderleicht. Mach mit der rechten oder linken Hand eine lockere Faust und klopfe damit vorsichtig auf die Knochen unter deinem Hals. Du kannst die Stelle ganz einfach ertasten. Wenn du mit zwei Fingern am Schlüsselbein in der Mitte zusammenfährst, spürst du eine Mulde im Knochen. Ein paar Zentimeter unterhalb dieser Mulde liegt die Thymusdrüse, die durch leichtes Klopfen aktiviert wird und dich wach macht. Klopfe mit der Faust oder den Fingerspitzen 15- bis 20-mal sanft auf diese Drüse und du wirst merken, wie du gleich viel wacher bist. Diese Übung lässt sich auch sehr gut morgens im Bett nach dem Aufwachen machen, damit du frisch und munter in den Tag starten kannst.

Rutschbahn

(für Kinder ab 6 Jahren)

Ziel: Die beiden Gehirnhälften miteinander zu verbinden.

Anleitung: Stell dir vor, du bist auf einem Spielplatz. Dort sind viele Spielgeräte aufgestellt. Du stehst an der Seite zweier Rutschbahnen, die sich versetzt gegenüberstehen und von Weitem zusammen ein X ergeben. Rechts steht die rote und links die blaue. Zuerst beobachtest du ein Mädchen, das auf der roten Rutsche von rechts oben nach links unten rutscht, und dann kommt ein Junge auf der blauen Rutsche von links oben nach rechts unten angerutscht. Beobachte die beiden eine Weile, wie sie immer wieder rutschen … (*ca. eine Minute*). Jetzt verabschiede dich von dem Spielplatz und komm wieder hierher zurück in diesen Raum.

Aktivierungshüpfer

(für Kinder ab 6 Jahren)

Ziel: Nach einer anstrengenden Tätigkeit wieder wach zu werden und für neue Dinge aufnahmebereit zu sein.

Anleitung: Bei dieser Übung musst du nicht unbedingt hüpfen, aber das macht dich natürlich noch fitter und wacher. Wenn du gerade zu guter Musik tanzt oder durch die Wohnung springst, kannst du ganz leicht den Aktivierungshüpfer mit einbauen. Stell dich zu Beginn ganz locker und bequem hin. Dann nimmst du deine rechte Hand, ziehst das linke Knie bis auf Hüfthöhe hoch und klatschst mit der rechten Hand auf den linken Oberschenkel. Danach stellst du das linke Bein ab, hebst das rechte Bein an und klatschst mit der linken Hand auf den rechten Oberschenkel. Danach wird auch dieses Bein wieder abgestellt, und die Übung beginnt erneut mit der rechten Hand und dem linken Bein. Das Ganze wiederholst du ungefähr 15-mal, und natürlich darfst du dann auch gerne etwas Schwung in die Sache bringen und leicht hüpfen, wenn du das Bein hebst und mit der Hand der anderen Körperseite daraufklatschst. Auf diese Weise werden deine beiden Gehirnhälften wieder miteinander verbunden, und du kannst leichter lesen, lernen und besser in der Schule aufpassen und mitdenken.

Energiekreise
(für Kinder ab 4 Jahren)

Ziel: Wieder wach und aufmerksam zu werden.

Anleitung: Stelle oder setze dich bequem hin, leg deine Hände nebeneinander auf deinen Brustkorb unterhalb deines Schlüsselbeins. Jetzt male mit deinen Fingerspitzen sanft kleine Kreise nach außen (*ca. 15 Sekunden*). Anschließend nimm deine rechte Hand und leg sie auf deinen Bauchnabel und male mit deinen Fingerspitzen einen kleinen Kreis darauf. Lass diesen Kreis nun immer größer werden, bis er deinen ganzen Bauch umfasst (*ca. 15 Sekunden*). Danach nimmst du die linke Hand und wiederholst das Gleiche (*ca. 15 Sekunden*). Zum Abschluss dieser kleinen Übungsrunde kannst du dich recken und strecken, etwas schütteln und fühlst dich wach und erfrischt.

Wackel-Dackel
(für Kinder ab 4 Jahren)

Ziel: Dieses Spiel hilft Kindern, rechts und links besser zu unterscheiden, sich ihres Körpers bewusster zu werden und schult die Koordinationsfähigkeit. Achten Sie darauf, dass alle Kinder die richtige Seite anheben.

Anleitung: Leg dich bequem auf den Boden, sodass du genug Platz für dich hast, ohne ein anderes Kind zu berühren. Schließe deine Augen und strecke deine Arme und Beine ein kleines bisschen vom Körper weg. Lass während der gesamten Übung die Augen geschlossen und konzentriere dich nur auf die Bewegung deiner Arme und Beine.
Jetzt geht es los: Hebe als Erstes den rechten Arm und winke mir zu … Leg ihn wieder hin, hebe den linken Arm und winke mir mit der linken Hand zu. Hebe jetzt bitte beide Arme und lass deine Hände einander zuwinken. Danach leg beide Arme wieder neben dir ab.
Nun sind die Beine dran: Hebe jetzt das rechte Bein hoch und wackle mit dem Fuß … Leg das rechte Bein wieder auf dem Boden ab. Hebe dein linkes Bein in die Luft und wackle mit dem linken Fuß. Leg das linke Bein wieder ab. Fass jetzt mit deiner rechten Hand an das linke Ohr … Leg die rechte Hand ab und fass dann mit der linken Hand an dein rechtes Ohr. Leg die linke Hand wieder neben dich auf den Boden und spüre kurz in dich hinein.
Konzentriere dich nun auf dein Gesicht: Ziehe die rechte Backe und den rechten Teil des Mundes wie zu einem einseitigen Grinsen nach rechts, entspanne diese Seite wieder … und nun ziehe die linke Backe und Mundseite nach links. Ent-

spanne die linke Seite nun und widme dich deinen Augen. Blinzle ein wenig mit dem rechten Auge … Schließe es wieder und blinzle dann mit dem linken Auge, bevor du es ebenfalls wieder schließt.
Nimm nun das rechte Bein und stell den Fuß auf das linke Knie. Leg das rechte Bein wieder ab und stell nun den linken Fuß auf das rechte Knie … Leg das linke Bein wieder auf den Boden. Wackle jetzt mit dem rechten Fuß … danach mit dem linken. Leg jetzt deine rechte Hand auf die Brust … Nimm sie wieder weg und leg deine linke Hand auf deine Stirn. Leg auch diese Hand wieder zurück, nimm die rechte Hand und berühre damit deinen linken großen Zeh. Danach wechsle und berühre mit deiner linken Hand den rechten großen Zeh. Und zum Schluss versuche, gleichzeitig mit der rechten Hand den linken Fuß und mit der linken Hand den rechten Fuß zu berühren.
Leg dich wieder ganz still hin, komm zur Ruhe … öffne die Augen … und setz dich wieder aufrecht hin. Jetzt erzähle mal: Wie hat dir die Übung gefallen? Ist dir etwas dabei schwer gefallen, was hat nicht so gut geklappt? Was war leicht? Gibt es etwas, das du immer mit der rechten Hand machst? Etwas, das du nur mit der linken Hand machst? Was kann man nur mit beiden Händen zusammen machen?

2.8 Affirmationen

» *Das Glück deines Lebens hängt von der Beschaffenheit deiner Gedanken ab.* «

Marc Aurel (121–180 n. Chr.)

Gedanken haben eine weitreichende Auswirkung auf das Leben des denkenden Menschen. Daher ist die Veränderung destruktiver zu konstruktiven Gedanken im Mentalen Training ein besonderer Schwerpunkt. Hierbei wird die Technik der Affirmationen als wirkungsvolles Element eingesetzt.

Bereits Kinder können sich mit ihren Gedanken selbst unter Druck setzen, entmutigen und sich dadurch zusätzlichen Stress erzeugen, anstatt sich mental zu stärken und zu unterstützen. Gedanken sind starke Kräfte, die Stärke geben oder nehmen können.

Unter Affirmationen werden bekräftigende, aufbauende Gedanken verstanden. Es handelt sich dabei um einfache, positive Sätze in Form von Bejahungen, Zustimmungen oder Bekräftigungen. Diese positiven Leitsätze wirken im Unterbewusstsein, stärken den Glauben an die eigene Kraft und ersetzen langsam aber sicher destruktives Denken. Sie unterstützen die Kinder dabei, ihre Gedanken auf das zu richten, was sie sich wünschen und was sie erleben wollen. Es ist unmöglich, zwei Dinge parallel zu denken. Ist der Geist mit einem angenehmen Gedanken, einer Affirmation, erfüllt, ist in diesem Moment kein Platz für klein machende Gedanken frei. Affirmationen helfen, den Geist auf das Konstruktive auszurichten.

Bei der Formulierung müssen dringend einige Regeln beachtet werden. Die bekräftigenden Sätze werden immer in der Gegenwarts- und Ich-Form geschrieben sowie kurz, knapp und konkret als positive Aussage formuliert. Sie haben keinen Bezug zu anderen Personen und enthalten keine Vergleiche. Die Wirkung der Affirmationen wird verbessert, wenn sie kurz sind. Beispielsweise ist »Ich freue mich auf jeden neuen Tag, und ich kann viele schöne Dinge erleben« zu lang und durch das »kann« nicht aussagekräftig genug. Knapper und damit wirkungsvoller ist der Satz »Ich erlebe viel Schönes und freue mich«.

Da das Unterbewusstsein bestrebt ist, die Aussage eins zu eins umzusetzen, ist es wichtig, dass die Affirmationen in der Gegenwart verfasst werden. Wer denkt »Ich möchte mutig sein«, der ist es nicht, weil er es nur sein möchte. Das wiederum ist bereits Realität. Es wird sich durch die Arbeit mit dieser Affirmation an dem Zustand nichts ändern. Auch die Zukunftsform »Ich werde mutig sein« bringt den Zustand nicht in die Gegenwart und ist somit nicht wirksam. Der Zielzustand wird daher so formuliert, als ob er schon realisiert wäre: »Ich bin mutig.« Es ist noch wichtiger, dass die Affirmation unbedingt positiv formuliert ist. Sonst wird das Unterbewusstsein mit inneren Vorstellungsbildern des zu Vermeidenden erfüllt. Heißt ein Satz »Ich möchte nicht mehr ängstlich sein« oder »Ich vermeide Streit«, muss sich das Gehirn zunächst ein Bild von Ängstlichsein bzw. Streit erschaffen, um in einem weiteren Schritt dieses Bild dann als unerwünscht abzuspeichern. Statt auf Angst und Streit sollte das Unterbewusstsein vielmehr auf Vertrauen und Harmonie eingestellt werden. Alle Wörter der Verneinung wie zum Beispiel »keine«, »ohne«, »nie«, »nicht mehr«, »nicht«, »trotz« oder »anstatt« haben in Affirmationen keinen Platz. Es gilt, den Zielzustand so zu formulieren, wie er sein soll. Den Kindern können diese Zusammenhänge anhand eines Vergleiches mit einem Computer dargestellt werden, der genau den Auftrag erfüllt, für den er programmiert wurde (weitere Informationen auf Seite 26 f.).

Von den Ich-Formen ist die Formulierung »Ich bin …« die stärkste. Affirmationen sollen vom Herzen und vom Gefühl her stimmig sein. Die Affirmation sollte daher persönlich erstrebenswert und realistisch sein und im Rahmen des Erreichbaren liegen. Beim Lesen der Affirmation sollte ein Wohlgefühl oder ein zustimmendes inneres »Ja« spürbar sein. Solange die Affirmation ein Unwohlsein oder eine Abneigung provoziert, ist sie nicht die richtige. Damit sie sich richtig anfühlt, kann die Aussage mit der Ergänzung »immer mehr« oder »von Tag zu Tag (ein bisschen) mehr« abgeschwächt werden. Zum Beispiel erkennt eine Person, dass sie liebevoller mit sich umgehen möchte, und formuliert eine Affirmation zu diesem Thema. Diese könnte lauten: »Ich gehe liebevoll mit mir um.« Wenn dieser Satz kein Wohlbefinden bei dieser Person auslöst, ihr kein Lächeln auf ihr Gesicht zaubert, dann ist es noch nicht die Affirmation, mit der sie arbeiten sollte. Eine Abmilderung könnte heißen: »Ich gehe von Tag zu Tag ein bisschen liebevoller mit mir um.« Wenn eine Person für sich eine individuelle Affirmation erarbeitet, ist dies besonders wirkungsvoll, da die Wortwahl und Satzformulierung genau zur eigenen Persönlichkeit passt und durch den mitgestalteten Entstehungsprozess im Gehirn einfacher neue neuronale Netze entstehen.

Für den Einsatz der Affirmationskarten »Bärenstarke Gedanken« im Kindergarten oder in der Schule ist dies nicht notwendig. Die Karten dienen eher als Impuls und regen zur Beschäftigung mit Gedanken, Aussagen und Behauptungen an.

Hat sich die richtige, stimmige Affirmation gefunden, ist es nicht notwendig, an die Wirkungsweise der Technik zu glauben. Durch eine längere Beschäftigung mit der Aussage wird das Unterbewusstsein angeregt, die Affirmationsaussage immer mehr zu realisieren. Menschen denken ständig und übernehmen häufig Gedanken und Gefühle von außen (sogenannte Fremdsuggestion), auch durch die Werbung. *Autosuggestion* ist die Fähigkeit, Gedanken und Gefühle bewusst und unbewusst selbst zu steuern und zu erweitern. Geschieht dies in einer konstruktiven Weise, kann mit positiven Autosuggestionen das Unterbewusstsein sinnvoll genutzt werden. Positive Selbstgespräche müssen systematisch trainiert werden. Ziel dieser Selbstgespräche ist es, die seelische Befindlichkeit positiv zu beeinflussen und die eigenen Talente und Fähigkeiten optimal zu nutzen, denn häufig wird dies durch gegenteilige Glaubenssätze blockiert. Auch wenn Affirmationen eine Situation nicht von heute auf morgen verändern, unterstützen sie doch wirkungsvoll das mentale Wachstum und helfen dabei, die Gedanken in die Richtung zu lenken, die wünschenswert ist. Wer mit Affirmationen ernsthaft arbeitet, kann erleben, welche Macht Gedanken haben. Es wird erfahrbar, dass sich Denken, Fühlen und Reden gegenseitig beeinflussen und letztendlich auch eine Wirkung auf andere Menschen und das Erlebte haben.

Im dritten Kapitel finden Sie eine Vielzahl von Möglichkeiten und Übungen für den Einsatz der Affirmationskarten »Bärenstarke Gedanken«.

2.9 Körperhaltungsübungen

Neben der mentalen Kraft darf die Auswirkung des Körperausdrucks auf die Psyche nicht unterschätzt werden. Deshalb ist es wesentlich, dass schon Kinder lernen, bewusster auf eine Körperhaltung zu achten, die den konstruktiven Gedanken entspricht. Geist und Körper bedingen einander und sind daher beide im Zusammenspiel für das eigene Wohlbefinden ausschlaggebend. Erst die neueren Forschungen konnten zeigen, dass eine Veränderung der Körperhaltung einen direkten Einfluss auf die Gefühle hat. Dementsprechend kann ein Mensch ganz bewusst seine Körperhaltung, Atmung, Skelettmuskulatur und Mimik beeinflussen, um seine Gefühle zu verändern.

Zur Vermeidung unbewusster Inkonsistenzen ist es notwendig, dass der Körper mit einbezogen wird und zu den Gedanken und Affirmationen passt. Dies ist wichtig, da die Körperhaltung dem Menschen auf unbewusster Ebene eine Mitteilung über sich selbst gibt, genauso wie eine Affirmation eine Information übermittelt. Beide Informationen müssen homogen sein, um keine Verwirrung hervorzurufen. Zu einer stärkenden Affirmation gehört daher auch eine aufrechte Haltung. Hängende Schultern und eine gebeugte Körperhaltung untergraben eine Affirmation, die auf Selbstbewusstsein und Zuversicht abzielt. Eine Affirmation soll, um ihr Potenzial nutzbringend zu verwirklichen, auch verkörpert werden.

Der Körper speichert zu einem bestimmten Körperausdruck ein passendes Gefühl ab. Daher ist es wichtig, dass die Haltungen, die mit positiven Gefühlen gekoppelt werden, dem Menschen bewusst sind, sodass er diese mit Absicht durch die Körperhaltung abrufen kann.

Ein Körperausdruck zeigt, wie sich der Mensch fühlt. Ein selbstbewusster Mensch fühlt sich auch in seinem Körper wohl.

Die Haltung der Menschen ist heute meist unnatürlich, aber selbst erschaffen. Ein Grund dafür ist, dass sich der Mensch im Laufe der Zeit durch Imitation eine ungesunde Körperhaltung angewöhnt hat. Ein weiterer Grund besteht darin, dass Menschen lernen, ihre Gefühle zu unterdrücken, was zu Spannungen innerhalb einzelner Partien der Muskulatur führt. Dadurch geht die ursprüngliche Leichtigkeit der Haltung ebenfalls verloren. Dazu kommen noch die Vorstellungen der Erwachsenen, die die Kinder ermahnen, so zu sitzen, zu gehen oder zu stehen, wie es die Eltern für richtig befinden. Da die übliche Körperhaltung durch die Gewohnheit nicht mehr als unangenehm erkannt wird, bleibt sie bestehen.

Frühlingsblumen

(für Kinder ab 3 Jahren)

Ziel: Durch die Atmung und die Vorstellung ein Gefühl der Entspannung und Frische zu erreichen. Diese Übung sollte im Stehen durchgeführt werden.

Anleitung: Stell dich so hin, dass du ganz stabil stehst. Atme jetzt durch die Nase ein und durch den Mund wieder aus. Mach das einige Male … Gehe jetzt in die Hocke, neige deinen Kopf leicht nach vorn und stell dir vor, du bist eine kleine Frühlingsblume. Vielleicht eine Tulpe oder eine Narzisse … Das sind kleine, bunte Blumen, die sich im Frühling den Weg durch die kalte Erde bahnen … Du weißt, jetzt ist es so weit … Die Frühlingssonne lockt dich aus der Erde nach oben … Steh nun ganz langsam auf und hebe beim Einatmen die Arme hoch über deinen Kopf. Beim Ausatmen lässt du sie sanft an den Seiten hinuntergleiten … Jetzt stehst du ganz stabil als bunte Frühlingsblume und spürst die warmen Sonnenstrahlen … Atme weiter durch die Nase ein, dabei hebst du deine Arme hoch über deinen Kopf … Beim Ausatmen lässt du deine Arme sanft an den Seiten hinunter gleiten … Mach das nun fünfmal … Deine Blüte ist jetzt ganz offen und du genießt die warmen Sonnenstrahlen … Verwandle dich jetzt wieder in dich selbst, schüttle dich ein bisschen und sei ganz erfrischt wieder hier in diesem Raum.

Kirschen pflücken

(für Kinder ab 3 Jahren)

Ziel: Den Körper gesund aufzurichten und durch die Atmung und Bewegung wieder entspannt und konzentriert zu werden sowie ein Gefühl für den Reichtum der Natur zu entwickeln.

Anleitung: Stell dich so hin, dass du stabil stehst. Atme jetzt durch den Mund ein und durch den Mund wieder aus … Jetzt stell dir vor, du bist in einem wunderschönen Obstgarten. Hier sind viele Kirschbäume, und sie hängen voll mit roten, süßen Kirschen … Beweg dich nun langsam hier im Raum und pflücke dir die süßen, saftigen Kirschen … Recke und strecke dich dabei, damit du an die oberen Äste kommst … Da hängen die besonders süßen roten Kirschen … Atme beim Strecken durch den Mund tief ein, und wenn du die Kirschen gepflückt hast, atmest du wieder aus … Du kannst dabei deinen Mund etwas offen lassen. Und beweg dich langsam weiter. Überall stehen Kirschbäume, die voll mit leckeren, reifen Früchten hängen … Du darfst sie alle pflücken … Bleib jetzt stehen, schließe kurz deine Augen und werde ganz still … Spüre, wie es ist, wenn dich die Natur mit ihren Früchten so reich beschenkt. Beende nun diese Übung und sei ganz erfrischt wieder hier in diesem Raum.

Königssitz

(für Kinder ab 6 Jahren)

Ziel: Über das Spüren der Sitzbeinhöcker eine natürliche Aufrichtung des Körpers zu erreichen. Diese zwei Ringknochen im Gesäß befinden sich am unteren Rand des Beckens. Beim gesunden Sitzen bilden sich mehrere rechte Winkel, nämlich zwischen Fuß und Unterschenkel, Unter- und Oberschenkel, Rumpf und Oberschenkel sowie vom Hals zum Kinn. Es ist wesentlich, dass die Kinder genügend Zeit zum Spüren, Fühlen und Wahrnehmen erhalten, damit sich diese Erfahrung im Körper verankern kann.

Anleitung: Setz dich auf den vorderen Teil deines Stuhls und schiebe beide Hände unter deinen Po. Spüre die beiden Knochen, die Sitzbeinhöcker genannt werden. Leg nun die Hände wieder auf deine Oberschenkel und spüre deine Sitzbeinhöcker weiterhin. Stell deine Füße so auf den Boden, dass sie leicht auseinanderstehen, die Fersen näher zusammen als die Zehen. Spüre, wie du aufrecht dasitzt wie eine Königin oder ein König. Genieße diese würdevolle Haltung (*ca. eine Minute*). Beende nun diese Übung wieder in der Gewissheit, die Königshaltung immer häufiger in deinem Alltag einzunehmen.

Fersenschaukel

(für Kinder ab 6 Jahren)

Ziel: Die Wirbelsäule aufzurichten und zu strecken. Die Ausgangsposition ist das in der vorherigen Übung beschriebene Sitzen.

Anleitung: Setz dich mit aufrechter Wirbelsäule wieder wie ein König oder eine Königin hin und spüre deine Sitzbeinknochen. Drücke nun deine Fersen leicht in den Boden. Spüre, wie sich dabei deine Wirbelsäule anfühlt. Jetzt drücke deine Zehen leicht in den Boden. Vielleicht kannst du eine leichte Schwingung in deinem Körper fühlen. Wiederhole dies dreimal … Beende jetzt diese Übung, indem du die aufrechte Haltung beibehältst.

Standfestes Stehen

(für Kinder ab 5 Jahren)

Ziel: Kinder erleben standfestes Stehen und spüren, was sie durch ihre Haltung bewirken können.

Anleitung: Stell dich gerade hin, deine Füße etwas auseinander, die Fersen etwas näher zusammen als die Zehen. Wackle einmal kurz mit deinen Knien und lasse sie dann entspannt sein. Nun stehst du so stabil wie ein großer Baum mit tiefen Wurzeln. Auch wenn jetzt ein starker Wind käme, würdest du sicher und fest stehen bleiben. Nimm die Kraft des Baumes mit in deinen Alltag und beende diese Übung.

Dass dieser Stand sehr stabil ist, können die Kinder erleben, wenn sie von dem Erwachsenen ganz leicht angestoßen werden. Im Vergleich dazu werden sie das Gleichgewicht verlieren, wenn sie nur auf einem Bein fest stehen und angestoßen werden.

Zusammenspiel von Körperhaltung und Gefühl

(für Kinder ab 5 Jahren)

Ziel: Erkennen, dass die Körperhaltung und die Gefühle einander bedingen.

Anleitung: Stell dich gerade hin und beug dich dann vornüber, sodass die Hände locker Richtung Boden zeigen. Ruft jetzt gemeinsam: »Mir geht es super!« Fühle in dich hinein, ob dieser Satz zu deiner Körperhaltung passt. Stell dich nun auf deine Fußspitzen, strecke die Arme in den Himmel und blicke nach oben. Ruft jetzt gemeinsam: »Mir geht es schlecht!« Lauft nun einmal im Kreis herum. Zum Abschluss der Übung stell dich nochmals auf die Fußspitzen, halte deine Arme nach oben und rufe laut: »Mir geht es gut!« Mit diesem guten Gefühl beende die Übung.

Im anschließenden Austausch sollte deutlich werden, dass die gesprochenen Worte zuerst nicht zu der eingenommenen Haltung passten. In der Regel kann sich ein Mensch nicht gut fühlen, wenn er auf den Boden schaut und eine gebeugte Körperhaltung einnimmt. Steht er hingegen in einer aufgerichteten Körperhaltung, hält sogar seine Arme und seine Augen nach oben, ist das Gefühl augenblicklich angehoben. Die Kinder können gefragt werden, wie sie diese Wirkungsweise sinnvoll in ihrem Alltag für sich nutzen können.

Kinderbild: »Bär«

3 Die Kinderaffirmationskarten »Bärenstarke Gedanken«

3.1 Das bärenstarke Affirmationsquartett

Da die Ursachen für negatives Denken und ein abwertendes Selbstbild häufig bereits im Kindesalter zu finden sind, ist es das Ziel dieses Quartetts (siehe S. 128), Kinder schon frühzeitig spielerisch mit aufbauenden Gedanken und Affirmationen in Kontakt zu bringen und sie dadurch zu stärken und zu unterstützen. Egal, welche Gedanken die Kinder bisher über sich gebildet haben, sie erhalten eine Bestätigung ihrer aufbauenden Gedanken oder eine Alternative zu eher abwertenden bisherigen Gedanken. Je früher Kinder Affirmationen kennenlernen und nutzen, desto mehr profitiert ihr Selbstbewusstsein davon. Eine konstruktive gedankliche Ausrichtung wirkt sich positiv auf die Entwicklung der Kinder, ihre schulischen Leistungen und ihr Selbstbild aus.

Die vorliegenden Affirmationen kennenzulernen und vielleicht auch in das Selbstbild zu integrieren legt ein mächtiges, starkes Fundament für Vertrauen und Selbstwertgefühl. Das Quartett ist für alle Kinder ab drei Jahren gedacht. Die Affirmationen stärken aber auch Jugendliche und Erwachsene.

Das Quartett kann über das eigentliche Spiel hinaus eingesetzt werden. Eine Karte, als inspirierender Gedanke zu Beginn des Tages oder vor einer Unterrichtsstunde, in der Pause zwischendurch oder am Abend gezogen, kann den Alltag des Kindes bereichern. Aber auch als kreativer Anstoß im Kindergarten, als Baustein für den Unterricht oder als Werkzeug in der therapeutischen Arbeit sind die Karten sehr hilfreich.

Für das intuitive Ziehen einer Karte wird das Kartenset am besten gemischt und anschließend mit der linken Hand eine Affirmation gezogen. Die linke Hand deshalb, weil sie von der rechten Gehirnhälfte gesteuert wird, welche unter anderem für die Intuition zuständig ist. Wenn beim Mischen eine Karte herausfällt, kann diese als Impuls genommen werden.

Wichtig ist, dass die Erwachsenen die positiven Botschaften konstruktiv verstärken. Statt zweifelnder Anmerkungen, Erinnerungen an gegenteiliges Verhalten oder kritischen Hinterfragens sollen die Aussagen der Kinder stehen bleiben. Das sich entwickelnde Gespräch dient der Unterstützung des Kindes, selbst seine Potenziale und Entwicklungsmöglichkeiten zu entdecken.

Die folgende Beschreibung der Einsatzmöglichkeiten der Affirmationskarten unterteilt sich in vier Abschnitte. Zuerst wird auf die Möglichkeiten des Einsatzes im Kindergarten und anschließend in der Schule eingegangen. In einem weiteren Kapitel wird die Verwendung der Karten in der kinderpsychologischen Beratung erläutert und im abschließenden Abschnitt ein Ausblick auf weitere Bereiche gegeben, in denen

Die »Bärenstarken Gedanken für Kinder«

das Affirmationsquartett sinnvoll angewandt werden kann. Die einzelnen Darstellungen sind in sich geschlossen, sodass Sie sich nur auf das Kapitel konzentrieren können, welches sich auf Ihren beruflichen Einsatzbereich bezieht. Jeder theoretischen Vorstellung der Möglichkeiten schließen sich Stimmen aus der Praxis an. Dabei berichten Experten von ihren Erfahrungen mit dem Kartenset. Sie finden darin weitere wunderbare Methoden und Ideen.

Ein herzlicher Dank geht an alle, die die Kinderaffirmationskarten »Bärenstarke Gedanken« als Pioniere aufgeschlossen und engagiert mit den Kindern ausprobiert haben und ihre Erlebnisse sowie guten Ideen hier mit den Leserinnen und Lesern teilen.

3.2 Einsatz der Karten im Kindergarten

Der Einsatz der Affirmationskarten im Kindergarten ist vielfältig. Einige Karten sind für die kleinen Kinder schwer verständlich und sollten daher aus dem Set herausgenommen werden. Es genügt völlig, wenn nur einige ausgewählte Affirmationskarten zum Einsatz kommen. Die Teilnahme an den Übungen ist stets freiwillig.

Als Einstieg zur Thematisierung von Gedanken

- Werden die Karten den Kindern als Gedankenkarten mitgebracht und vorgestellt, sind die Kinder neugierig und für das Thema »Gedanken« aufgeschlossen. Die Kinder können allgemein erklären, was sie unter Gedanken verstehen. Es ist auch möglich, ganz gezielte Fragen zu eigenen Erfahrungen mit Gedanken zu stellen. Die Kinder werden unter Umständen selbst äußern, dass es angenehme und belastende Gedanken gibt. Dabei ist die Frage, inwiefern schwere Gedanken abgestellt werden können, sinnvoll. Den Kindern kann dann verdeutlicht werden, dass der Mensch in einem bestimmten Moment nur einen Gedanken haben kann und die Konzentration auf aufbauende Gedanken die negativen Gedanken ersetzt. Die Karten dienen dann dazu, stärkende, schöne Gedanken zu finden.

Als Gesprächsimpuls

- Jedes Kind zieht eine Karte und bekommt die Affirmation vorgelesen. In einem Blitzlicht darf jedes Kind seine Gefühle und Gedanken äußern. Möglich ist auch, dass die Kinder reihum ihre Erlebnisse erzählen, die zu der Affirmation passen.
- Die Erzieherinnen und Erzieher können die Kinder jeweils eine Karte ziehen lassen und die Affirmation vorlesen. Dieser Satz wird als Aufhänger für ein Gespräch zum Thema genutzt.
- Die Kinder sitzen im Kreis und eine Karte wird gezogen, zum Beispiel die Karte »Ich bin mutig«. Diese Karte wird als Gesprächsgrundlage verwendet. Die Kinder können erklären, was es für sie bedeutet, mutig zu sein. Anschließend können alle Kinder das Mutigsein darstellen, indem sie mutig durch den Raum laufen und ein mutiges Gesicht aufsetzen.

- Die Karte »Ich lobe mich selbst« kann dazu dienen, die Kinder für das Eigenlob und für das Lob für andere zu sensibilisieren. So kann es ein Ritual werden, dass jedes Kind am Ende der Woche verkündet, wofür es sich selbst oder ein anderes Kind loben will. Loben ist sehr wichtig, und Eigenlob ist auch eine wunderbare Sache, die das Selbstwertgefühl steigert.

Als Impuls für aufbauende Geschichten und Fantasiereisen

- Die Affirmationen können den Erzieherinnen und Erziehern als wertvolle Impulse dienen, wenn sie gerne Geschichten erzählen. Die Frage, wie der Bär zu seiner Aussage gekommen ist, kann direkt eine Idee aufbringen, was alles passiert sein könnte. Wer Freude daran hat, Geschichten zu erfinden, wird mit den Karten sicherlich immer einen guten Aufhänger für eine neue Geschichte finden.
- Es ist ebenso möglich, rund um den Bären aufbauende Fantasiereisen zu erfinden, in die die Affirmationen mit einfließen. Wem das nicht liegt, der findet in Anette Raschdorfs Buch »Kindern Stille als Erlebnis bereiten« mehrere Fantasiereisen mit dem Ziel der Entspannung und Ruhe, die von einem kleinen Bären handeln.

Zum kreativen Malen

- Es wird eine Affirmationskarte gezogen, und die Kinder malen ein passendes Bild dazu.
- Der Bär (Kopiervorlage S. 123) kann auch auf ein DIN-A4-Blatt kopiert werden, und die Kinder malen den Bären aus, welcher als Anker dienen soll. Die Kinder können den Bären auch von den Quartettkarten abmalen.
- Die gezogene Affirmation wird vorgelesen, und die Kinder malen einen eigenen Bären.

Alle Bilder können als »bärenstarkes Gedankenposter« zu Hause oder im Kindergarten aufgehängt werden.

- Die Kinder können auch ein Blatt nehmen und malen sich selbst in die Mitte, so groß, wie sie möchten. Die Kinder erhalten eine Affirmation aus dem Kartenset, wie zum Beispiel »Ich kann viel«, »Ich liebe die Tiere« oder »Meine Wünsche sind wichtig«. Nun malen sie entsprechend die Tiere um sich herum, die sie lieb haben, das was sie alles können bzw. ihre Wünsche, wenn sie das malen können. Darüber hinaus kann die Erzieherin bzw. der Erzieher unterstützend beistehen und das Gesagte aufschreiben.

Zum kreativen Singen

- Die Erzieherinnen und Erzieher können die Affirmationen in Lieder einbauen und mit den Kindern singen.

Kinderbild: »Singende Kinder«

Zum kreativen plastischen Gestalten

- Die Kinder ziehen eine Karte und bekommen die Affirmation vorgelesen. Dazu basteln oder kneten sie Passendes oder Abstraktes aus geeigneten Materialien. Geeignet ist alles, was Spaß macht und sich zum Modellieren eignet, zum Beispiel Pappmaschee, Gips, Knete, Ton oder Salzteig. Schön ist es auch, ein Mobile zu erstellen. Dieses bewegliche Ensemble kann mit einem Holz-, Plastik- oder Kleiderbügel hergestellt werden, an dem mehrere Figuren aus Papier oder Pappe mit Seilen oder Draht frei beweglich befestigt werden. Jedes Kind bastelt dann zu einer gezogenen Affirmation eine Figur und trägt damit seinen Teil zum Mobile bei.
- Die guten bärenstarken Gedanken wirken sich positiv auf die Gefühle aus. Es ist daher auch eine schöne Idee, diese guten Gefühle mit einem gebastelten glücklichen Gesicht zu verdeutlichen. Geeignet ist ein Pappteller, der mit Farbe, Stoff- und Wollresten zu einem glücklichen Gesicht wird.
- Als weitere Bastelideen können mit dem Bild eines Bären Gegenstände entstehen, die als Erinnerung an die Affirmationen dienen. Zum Beispiel lassen sich Stofftaschen mit Stofffarben bemalen, Kerzenständer aus Übertöpfen oder Kalender gestalten.

Zum kreativen Tanzen und Bewegen

- Die Kinder ziehen eine Affirmation und überlegen sich Bewegungen, die zu dieser Botschaft passen, führen sie aus, machen sie nach und probieren aus.
- Möglicherweise gibt es im Kindergarten bekannte Tänze, die sich einzelnen Affirmationen zuordnen lassen, weil sie gute Gefühle hervorrufen und dadurch zu den »Bärenstarken Gedanken« passen. Dann kann ein Bezug zu den Karten hergestellt werden.
- Die guten Gedanken und Eigenschaften können ebenfalls mit passender Rhythmik verdeutlicht werden. Mutige Geräusche oder freundliche Töne werden je nach Affirmation durch die Kinder umgesetzt.

Als Kinderspiel

- Das Kinderquartett kann natürlich auch als solches gespielt werden.
- Die Kinder denken sich kleine, kurze Geschichten zu der gezogenen Affirmation aus und spielen diese den anderen vor.
- Die Kinder denken sich mit oder ohne Unterstützung der Erzieherin oder des Erziehers ein kleines Rollenspiel zu der gezogenen Affirmation aus, welches sie den anderen Kindern vorspielen.

Als Rätsel

- Ein Kind zieht eine Karte, bekommt diese vorgelesen und spielt diese anschließend den anderen Kindern vor, welche die Affirmation erraten.
- Eine Gruppe von Kindern erhält eine Affirmation und spielt dazu mit oder ohne Unterstützung der Erzieherinnen und Erzieher ein kleines Rollenspiel für die anderen Kinder vor, welche die dazu passende Affirmation erraten.

Als Einstieg in ein Thema

- Die Inhalte einzelner Karten können als Basis für die gemeinsamen Aktivitäten genutzt werden. Zum Beispiel kann die Karte »Ich habe eine gute Körperhaltung. Ganz aufrecht und gerade kannst du deinen Weg gehen« für eine Einheit über Körperhaltung genutzt werden. Die Kinder üben das gerade Gehen. Wesentlich ist auch der feste Stand, den die Kinder erleben dürfen, wenn sie sich mit der Körperhaltung beschäftigen. Die Karten »Ich achte die Natur. Die Landschaften mit ihren Blumen, Bäumen und Steinen sind wunderbar und können dich erfreuen« sowie »Ich bin dankbar. Es gibt viele Dinge, über die du dich freuen kannst« können sehr gut für ein Gespräch, einen Ausflug oder als Grundlage für das Zeichnen eines Bildes genutzt werden. Auch andere Karten wie »Ich kann viel. Du kannst malen, basteln, lachen, Tiere streicheln und spielen. Denke an die Dinge, die dir gelingen« sind dafür geeignet. Diese Karte könnte auch als Ausgangspunkt für ein Vorspielen und Ratespiel genutzt werden. »Ich bin mutig. Du bist jung und machst viele Dinge das erste Mal. Weil du dich das traust, bist du sehr mutig« oder »Ich bin schön. Du kannst an dir viel Schönes entdecken, zum Beispiel deine Augen und dein Lächeln« können als Inspiration für einen gemeinsam gestalteten Tag genutzt werden. »Ich habe einen schönen Namen. Du hast genau den richtigen Namen bekommen, der zu dir passt, und er ist gut, so wie er ist« kann die Kinder dazu bringen, sich genauer mit ihrem Namen auseinanderzusetzen. Der Name jedes Kindes kann gemalt, gesungen oder gerufen werden. »Ich liebe die Tiere. Jedes Tier ist ein Wunderwerk und möchte gut behandelt werden« dient als Ausgangspunkt zur Beschäftigung mit Tieren, die gespielt, gebastelt, geknetet oder gemalt werden können. »Ich pflege meinen Körper« dient dem Einstieg in die Beschäftigung mit den Bedürfnissen des Körpers. Es bietet sich an, das Zähneputzen zu üben und sich mit einer gesunden Ernährung zu beschäftigen. Insbesondere, da in vielen Familien kein Bewusstsein für den Unterschied zwischen Nahrungs- und Lebensmitteln besteht, ist es die Aufgabe der Kindergärten, hier frühzeitig eine wichtige Weiche für die Essgewohnheiten der Kinder zu stellen. Gemeinsam können die Kinder einen Obstsalat zubereiten, mit Achtsamkeit die Gaben der Natur ertasten, riechen und schmecken und Freude an den natürlichen Lebensmitteln erleben. Genusstraining ist auch als Prävention in der Stressbewältigung sehr relevant. Es kann bei jedem Umgang mit Naturmaterialien angewandt werden.

Zum Finden schöner Gedanken oder eines Mottos

- Es wird eine Affirmation als Motto bzw. Aufhänger für einen Tag, für eine Woche oder eine Feier gezogen und vorgelesen. Dies kann zu einem festen Ritual werden.

Zur mentalen Unterstützung mithilfe eines Kuscheltieres

- Die Kinder können ein eigenes Kuscheltier mit in den Kindergarten bringen und dieses den anderen Kindern vorstellen. Mit diesem Kuscheltier, am sinnvollsten einem Bären, werden die »Bärenstarken Gedanken« in Verbindung gebracht, indem die Erzieherin bzw. der Erzieher den Kindern von dem Bären berichtet als einem Tier, das dank seiner bärenstarken Gedanken bärenstark ist. Dazu werden einzelne Affirmationen ausgesucht und vorgetragen. Über die Frage, was der Bär in einer Situation denken oder sagen würde, kann er als Anker für die Kinder dienen, wenn sie selbst etwas Schwächendes denken oder hören. Hört das Kind von einem anderen etwas Abwertendes wie zum Beispiel »Du bist doof«, kann es sich fragen, was der Bär sagen würde, und es erinnert sich immer schneller an die guten Affirmationen, wie zum Beispiel »Ich bin schlau«. Gerade nachts, wenn das Kind Einschlafschwierigkeiten haben sollte, kann es sich die guten Gedanken mithilfe des Bären in Erinnerung rufen. Es kann auch dem Bären erzählen, welche Sorgen es hat, und sich immer wieder die guten Botschaften des Bären vorstellen, sodass er zu einem guten Begleiter und Mutmachbären wird.

3.3 Stimmen aus der Kindergartenpraxis

Einsatzmöglichkeiten der Karten im Kindergarten

Die Karten fanden Anwendung in einer Gruppe von 16 Einschulkindern im Alter von 5 bis 6 Jahren. In unserem Morgenkreis ist es üblich, dass wir gemeinsam viel diskutieren und philosophieren. Das freie Erzählen steht besonders im Vordergrund. Jeden Tag ist ein Kind Vorsitzende bzw. Vorsitzender und moderiert anfangs den Kreis inklusive Erzählrunde. Wir Erzieherinnen nehmen uns dann vorerst zurück. Oft entstehen hier schon interessante Aufhänger für die Themen der Kinder, aus denen wieder Angebote abzuleiten sind. Ebenso interessant ist es natürlich auch, den Kindern Themen »zuzumuten«, wie beispielsweise die »Bärenstarken Gedankenkarten«.

»Kinder, wir haben Post bekommen!«

Für einen leichten Einstieg nutzte ich unsere pädagogischen Handpuppen Willi und Rabe, die oft zu Gast bei uns sind, wenn es um besondere Angelegenheiten geht. Diese bekamen einen Brief von ihrem »Kumpel« Bär, der auch die Kinder lieb grüßt. Im Brief stand Folgendes:

»Hallo Willi, hallo Rabe, (hallo Kinder,)
Ihr habt mich vor Kurzem angerufen, um mich in Euren tollen Sitzkreis einzuladen. Ich kann aber leider so schnell nicht kommen, denn ich mache zurzeit eine große Reise, auf der ich die schönen Dinge der Welt entdecke. Jetzt bin ich gerade am Nordpol und bestaune die riesigen Schneemassen. Ihr zwei habt mir am Telefon erzählt, dass sich die Kinder in Eurem Kindergarten manchmal streiten und dass hin und wieder jemand ziemlich traurig ist oder dass sich manche Kinder sogar gegenseitig schlagen. Das hat mich natürlich nicht gefreut. Aber ich kann Euch sagen, wer bärenstark ist, so wie ich, der kann das auch anders lösen. Zur Hilfe habe ich euch ein paar ›gute Gedankenkarten‹ geschickt. Probiert sie mal mit den Kindern aus, sie wirken Wunder.
Liebste Grüße, BÄR. Liebe Grüße auch an alle Kinder. Ich hoffe, ich kann Euch bald besuchen und sehe viele fröhliche Kinder!«

Als Briefvorlage diente die Kopie des Bären (Kopiervorlage S. 123), der sich selbst gemalt hatte, damit die Kinder wissen wie er aussieht. Daraufhin kamen auch gleich etliche Fragen: »Sieht so der Bär aus? Wie alt ist er denn? Kann der Bär malen? Wie groß ist er?« und so weiter. Nachdem wir den Brief gelesen hatten, beschäftigten wir uns mit den Fragen:

- »Was könnten denn diese ›guten Gedankenkarten‹ sein, die uns der Bär geschickt hat?« (Kinder: »Da stehen schöne Sachen drauf ...«)
- »Was sind eigentlich Gedanken? Kann man die sehen, essen, riechen, schmecken ...?« (Kinder: »Die sind im Kopf. Man kann im Kopf sprechen, ohne dass es jemand hört ...«)
- Es gibt gute und schlechte Gedanken. Was sind denn schlechte? (Kinder: »Wenn man jemanden hauen will ...«)

Im Anschluss an diese Frage folgte eine Schüttelübung: »Jetzt habt ihr so viele schlechte Sachen gefunden, die wollen wir aber eigentlich gar nicht bei uns haben. Lasst uns kurz die schlechten Gedanken aus uns rausschütteln und abschütteln.« Alle Kinder schüttelten sich von Kopf bis Fuß durch.

- »So, und nun zu den guten Gedanken. Was können gute Gedanken sein?« (Kinder: »Wenn ich jemandem helfen möchte ...«)

Nach der Unterhaltung konnten die Kinder reihum eine Karte ziehen. Jeder zog mit der linken Hand. Ich las jeweils den Satz vor und fragte die Kinder, ob es ein Ereignis gibt, womit sie diesen Satz verbinden, zum Beispiel »Ich bin schlau«. Antwort des Kindes: »Ja, ich kann gut rechnen und letztens habe ich jemanden ausgetrickst, der mir was wegnehmen wollte ...«. Wenn einem Kind nichts zu seiner Karte einfiel, konnten die anderen Kinder ihre Gedanken äußern und helfen. Oft boten die Aussagen der anderen wieder einen Impuls für Kinder, die Schwierigkeiten hatten, ihre Gedanken in Worte zu fassen.

Nachdem alles gesagt und jede Frage beantwortet war, sprachen wir den Satz dreimal nach. Dabei wurden wir immer lauter, klopften mit den Händen auf die Oberschenkel und stampften mit den Füßen auf den Boden. Dies dient zur Stärkung der Rhythmik und des Rhythmusgefühls und lockerte nach dem Gespräch wieder auf. Außerdem werden die Sätze besser verinnerlicht. Die Kinder lachten und klatschten. Danach war das nächste Kind an der Reihe. Die Hälfte der Kinder konnte auf diese Weise eine Affirmation ziehen. Dann sank die Konzentration Einzelner.

Am nächsten Tag kam ein Kind zu mir und wollte noch einmal alle Karten »hören«. Auf einmal war ich wieder umringt von Kindern, und wir diskutierten lange weiter. Zusammenfassend kann ich sagen, dass wir bei den Übungen viel Freude hatten. Auch Kinder, die sonst weniger erzählen, sprachen die Sätze freudig mit und suchten nach möglichen Antworten. Eigentlich sollten positive Gedanken der Normalfall sein. Oft herrschen bei Kindern allerdings Denkstrukturen vor, in denen sie erst einmal vom Negativen ausgehen. Sie begriffen nun, dass vieles auch positiv ausgedrückt werden kann und sich dies ziemlich gut anfühlt. Die folgenden Tage konnte ich Kinder dabei beobachten, wie sie sich häufiger selbst lobten: »Das habe ich aber gut gemacht« oder »Ich bin hilfsbereit« »Ich hab gerade Geduld, ich warte bis Stefanie[1] fertig ist« ..., mitunter auch ohne ein Feedback des Erziehers einzufordern. Diese Transferleistung fand ich sehr beeindruckend. Nach Ereignissen, in denen ein Kind verbal oder körperlich von einem anderen Kind geschädigt wurde, forderten Dritte auf, an den Bären zu denken und an das, was er uns gesagt hatte. Die Arbeit mit den Gedankenkarten ist eine bereichernde Methode, den Kindern noch mehr Selbstvertrauen zu schenken. Ich bin so positiv überrascht von dem Ergebnis, dass ich mir vorgenommen habe, diese Karten in unser morgendliches Ritual einzugliedern und es damit zu erweitern. Allerdings würde ich pro Tag nur eine oder wenige Karten ziehen lassen und dieses Motto als Aufhänger für ein Kreisgespräch nutzen bzw. den Inhalt im Tagesverlauf immer wieder aufgreifen und beispielhaft veranschaulichen.

Aufgefallen ist mir, dass die Kinder mit dem Begriff »Vertrauen« große Schwierigkeiten hatten. Für dieses Alter ist er anscheinend zu abstrakt. Diese Karten haben wir vorerst zur Seite gelegt. Trotzdem hat der Begriff die Kinder im Nachhinein stark beschäftigt. Wir haben versucht, Beispiele zu finden, wann jemand zu einem anderen Vertrauen hat. Ganz verstehen konnten sie es allerdings nicht. Bei anderen Karten konnten Kinder erst eigene Beispiele finden, nachdem entweder vom Erzieher oder anderen Kindern eine konkrete Beispielsituation für den Satz genannt wurde. Zum Beispiel beim Satz »Ich achte die Natur« mussten wir den Begriff »Achtung vor etwas haben« erst klären. Danach hatten die Kinder viele Einfälle, wie man die Natur achten kann. Es be-

1 Die Namen aller Kinder wurden geändert.

darf eines Gespürs dafür, was meine Kinder bereits wissen und womit ich sie eventuell überfordere. Diese Denkleistungen sind stellenweise so abstrakt und anstrengend, dass, auch im Hinblick auf den zeitlichen Rahmen, stets überprüft werden sollte: *Was kann ich dem Kind zumuten?* Ein gesunder Ausgleich von Ruhe und Bewegung sollte ebenfalls geschaffen werden.

Interessant war noch, dass die Kinder am nächsten Tag einer Kollegin, die nicht an unserer »Sitzung« beteiligt war, von den »Gute-Gedanken-Karten« erzählten. Sie berichteten, warum man auf die Natur aufpassen solle und was es bedeute, sie zu »achten«. Sehr faszinierend fand ich, dass sie einige Karten bestimmten Kindern noch zuordnen konnten: »›Ich bin schlau‹ – die Karte hatte der Martin und er hat ... gesagt.«

Weitere Einsatzmöglichkeit: Ein Bewegungsparcours

Ich könnte mir im Kindergarten auch einen Bewegungsparcours im Turnraum vorstellen, bei dem die Karten zum Einsatz kommen. Bestimmte Stationen, zum Beispiel ein Spiegel (laut sagen: »Ich bin schön!«), nächste Station: etwas heben (»Ich bin stark!«), eine knifflige Aufgabe lösen (»Ich bin schlau!«), sich über etwas führen lassen (»Ich habe Vertrauen!«), irgendwo hochklettern oder runterspringen (»Ich bin mutig!«), einen Ring auf dem Kopf balancieren (»Ich habe eine gute Körperhaltung!«), aus Seilen den eigenen Namen legen, (»Ich habe einen schönen Namen!«), eine neue Übung lernen (»Ich lerne gerne Neues!«), in einer Schlange warten, bis ich dran bin (»Ich bin geduldig!«) und so weiter.

Ina Münch
(Erzieherin)

Wir im »Kinder Park« arbeiten mit altershomogenen Gruppen, die in einem sechswöchigen Rhythmus rotieren. Zuerst setzte ich die Karten in meiner Gruppe mit dreijährigen und sechs Wochen später mit fünfjährigen Kindern ein. In beiden Gruppen führte ich das Kartenset zunächst im Morgenkreis ein. Dann durfte sich jedes Kind eine Karte ziehen, die anschließend laut vorgelesen wurde. Dabei entstand eine schöne Stimmung im Raum, und die Kinder waren ganz leise, weil sie hören wollten, was vorgelesen wird. Die Kinder forderten daraufhin dieses zum Ritual gewordene Kartenziehen jeden Morgen ein. Ein Kind sagte immer: »Wann kommen denn die kinderstarken Gedanken?«. Dies führte dazu, dass alle Kinder die Karten nun »Kinderstarke Gedanken« nannten. Mit der Gruppe der Fünfjährigen entstand sogar aus der Situation heraus ein kleines Körperwahrnehmungsprojekt. Wir zogen jeden Morgen eine Karte und sprachen darüber. Die Karte blieb sichtbar für alle an diesem Tag auf einem Bücherständer stehen. Mit Bezug auf diese Karte malten wir Körperumrisse und klebten Zettel hinein, auf denen stand, was das Kind an sich mag oder was es für eine Augen- oder Haarfarbe hat. Die Karten sind ein gelungenes Medium, um in unterschiedliche Themen einzusteigen. Alle Kinder und auch die Erzieher haben so die Möglichkeit, mit einem positiven Gedanken in den Tag zu starten. Es ist schön, dass es jetzt auch gelungene Affirmationskarten für Kinder im Kindergartenalter und darüber hinaus gibt. Ich bin schon gespannt, was aus der Gruppe der vierjährigen Kinder daraus entsteht.

Christiane Weber
(Heilerziehungspflegerin)

Einsatz in der musikalischen Früherziehung (3–6 Jahre)

»Bärenstarke Gedankenkarten«: Was sind Gedanken? Kann man Gedanken hören, kann man sie riechen oder in die Hand nehmen? Welche Gedanken gibt es (schöne, nicht schöne ...)? Wie denkt man und wie hört man auf damit? ... Die vielen Fragen, die sich durch die Arbeit mit den Karten im Vorfeld ergeben, sind schon spannend und philosophisch.

Die Kinder ziehen eine Karte, die Karte wird vorgelesen und auf die Person zugesprochen. Die Erlebnisse sind so vielseitig, wie die Kinder sind: von Staunen und Freude über weiteres Fragen bis hin zum Wundern ... Feststellungen, dass die Karte, die ein anderer gezogen hat und vorgelesen bekommt, auch für einen selbst gelten kann oder dass man das auch fühlt!

Kein Kind hat bisher gefragt, was das soll, für was es gut ist. Ich denke, die Kinder sind durch ihr unbekümmertes, intuitives Denken und Fühlen an dem Guten und Positiven ausgerichtet und spüren einfach, dass es guttut.

Ich werde die Karten als festen Bestandteil meiner Arbeitsmaterialien in der musikalischen Früherziehung belassen und ziehe am Ende auch immer eine Karte. Und siehe da: Es tut auch den Erwachsenen gut!

Thorsten D. Pötsch
(freischaffender Künstler)

3.4 Einsatz der Karten in der Schule

Es ist wünschenswert, dass sich Kindermentaltraining in der Schule weit verbreitet, in jedes Unterrichtsfach einfließt und dort als Bestandteil etabliert.

Die Kinderaffirmationskarten dienen dazu, den Kindern gute, aufbauende Gedanken anzubieten. Die Teilnahme an den Übungen sollte auch in der Schule stets freiwillig sein. Die Kinder, die nicht mitmachen wollen, verfolgen dann den Einsatz der Karten und hören deren Inhalte, während die anderen Kinder ihre Texte vorlesen. Dies allein wirkt sich schon positiv aus.

Im Deutschunterricht

- Die Affirmationskarten eignen sich als Impulse für assoziative und kooperative Gesprächsformen und Unterrichtsgespräche. Eine Affirmation wird gezogen, und die Schülerinnen und Schüler sammeln spontan ihre Ideen, Vorstellungen und Erfahrungen zu dem angesprochenen Thema. Alles darf geäußert werden, auch Fantasie und Utopie sind erlaubt. Der völligen Offenheit der Beiträge steht die Toleranz aller Beteiligten gegenüber allen Äußerungen zur Seite, auch wenn sie im ersten Moment abwegig erscheinen. Ebenso lässt die Lehrkraft ihre eigenen Vorstellungen zu einem Thema oder Begriff fallen. In Einzel-, Partner- oder Kleingruppenarbeit entsteht zu einer Affirmation im Klassenverband eine Ideensammlung bzw. ein Brainstorming. Dabei wird alles gesammelt, was zum Thema passt, auch das, was im ersten Moment abwegig klingen mag. Auch das Blitzlicht bietet sich als Methode an. Jede Schülerin und jeder Schüler darf ein kurzes Statement abgeben. Dazu soll jeder in einem Satz das für ihn Wesentliche zur Affirmation äußern. Unterbrechungen oder Anmerkungen anderer sind nicht erlaubt. Möchte die Lehrkraft den Schülerinnen und Schülern mehr Zeit zur Äußerung geben als nur mit einem Satz, bietet sich das Kreisgespräch an. Jeder kann nacheinander seine Kenntnisse, Ideen und Gedanken vortragen, kurze, klärende Zwischenfragen der anderen sind erlaubt.

- Die Schülerinnen und Schüler ziehen jeweils eine Affirmationskarte, oder die Lehrkraft sucht gezielt einzelne Karten aus. Die Kinder verfassen daraufhin schriftlich Geschichten zu den einzelnen Karten. Wie kam es dazu, dass der Bär denkt, er sei mutig? Was verstehst du unter Mut? Das kreative Schreiben wird durch die Vorgabe eines Geschichtenanfangs erleichtert, der anschließend zu Ende geschrieben werden soll. Je nach Lerngruppe kann es zudem sinnvoll sein, zu den einzelnen Begriffen wie »Mut« oder »Dankbarkeit« oder »Geduld« kurze, passende Geschichten zu sammeln, die diese Eigenschaften verdeutlichen. Auch passendes Bildmaterial kann die Auseinandersetzung mit einzelnen Affirmationen unterstützen.
- Die Schülerinnen und Schüler verfassen zu den von ihnen gezogenen Karten persönliche Geschichten, wann sie selbst mutig waren, ein guter Freund oder dankbar sind und Ähnliches.
- Die Schülerinnen und Schüler erzählen Geschichten, die ihnen zu den gezogenen Affirmationen einfallen und auch dazu passen sollen. Möglich ist, dass die Lehrkraft einen Anfang der Geschichte vorgibt. Sie kann auch drei Wörter vorgeben, die in der Geschichte vorkommen müssen. Schön ist es, wenn jedes Kind reihum jeweils einen Satz zur Geschichte beiträgt und dadurch ein Gemeinschaftswerk entsteht.
- Einzelne Begriffe der Affirmationen können auch als Ausgangspunkt zum meditativen Schreiben verwendet werden. Dabei wird auf ein DIN-A3-Blatt ein zur Affirmation passender Begriff geschrieben wie »Ehrlichkeit« oder »Freundlichkeit« und dieses Blatt in die Mitte einer Gruppe von drei bis fünf Schülerinnen und Schülern auf den Tisch gelegt. In den kommenden fünfzehn bis dreißig Minuten schreibt jeder, der einen Gedanken zu Papier bringen möchte, diesen ohne zu sprechen auf das Blatt. Die anderen Gruppenmitglieder können ihre Fragen oder Anmerkungen ergänzen. Dabei wird das Blatt gedreht. Während der Übung dürfen sich die Kinder nicht unterhalten. Die Gruppen überlegen nach der Auseinandersetzung mit dem Begriff, welche drei oder vier Anmerkungen in der Auswertungsphase dem Rest der Klasse vorgetragen werden.
- Die Schüler lernen anhand der Karten Affirmationen als ein wirkungsvolles Element aus dem Mentalen Training kennen. Sie tauschen sich über die Bedeutung, Auswirkung und eigenen Erfahrungen über Gedanken aus und lernen die Relevanz guter Gedanken kennen. Sie beherrschen die Regeln zur Formulierung eigener Affirmationen und können individuell abgestimmte Affirmationen eigenstän-

dig verfassen. Dann können Affirmationen auch immer wieder spontan gezogen werden, entweder wenn ein Kind dies wünscht, weil es vielleicht gerade eine schlechte Arbeit zurückerhalten hat, oder wenn am Ende der Unterrichtsstunde noch ein paar freie Minuten übrig bleiben. Sinnvoll ist es, die jeweilige Affirmation auf ein Plakat zu übertragen und dieses zu Hause oder im Klassenzimmer aufzuhängen.

- Eine Schülerin oder ein Schüler spielt seine gezogene Karte vor, die anderen erraten seine Affirmation.
- Die Schüler spielen die Affirmation und ihr Gegenteil als Pantomime nach. Sie erleben, wie es sich anfühlt, eine stärkende oder schwächende Körperhaltung einzunehmen.
- Das Wissen über die Wirkung der Körperhaltung und ihre Wichtigkeit für die Kommunikation ist für Schülerinnen und Schüler wesentlich. Die Karten können als Basis dienen, den Kindern die Auswirkungen der Körperhaltung bewusst näherzubringen. Dazu sollen die Schülerinnen und Schüler die gezogene oder ausgewählte Affirmation in Bewegung umsetzen. Wie läuft jemand, der so etwas über sich denkt, wie es auf der Karte steht, und wie läuft derjenige, der das Gegenteil denkt? Wie fühlt sich das an?
- Möglich ist auch, die zur Affirmation passende Körperhaltung, Mimik und Gestik in einem Standbild darzustellen. In Partner- oder Gruppenarbeit versucht der Standbildbauer, die Affirmation körperlich-anschaulich darzustellen. Er sucht sich zunächst eine oder mehrere Personen aus seiner Gruppe aus, die in seiner Vorstellung am besten zum Standbildbauen für diese Affirmation geeignet sind, und stellt diese dann so auf, dass Haltung, Mimik und Gestik seiner Meinung nach passend sind. Diejenigen, die das Standbild verkörpern, imitieren dazu das vom Standbildbauer Vorgemachte. Am Ende seiner Arbeit erstarren alle beteiligten Spieler, um den unbeteiligten Beobachtern Gelegenheit zu geben, das Standbild auf sich wirken zu lassen. Es schließt sich eine Beschreibung und Interpretation des Standbildes an, zuerst von den Beobachtern, dann von den Spielern und zuletzt vom Standbildbauer. In dieser Reflexionsphase ist es möglich, das Standbild gemeinsam dem Besprochenen anzupassen.
- Die Affirmationskarten können auch als Basis für kleine Rollenspiele genutzt werden. Die Klasse wird in Gruppen aufgeteilt, und diese erhalten die Aufgabe, sich zu der vorgegebenen oder zufällig gezogenen Affirmation eine kleine Begebenheit auszudenken, die die Botschaft verdeutlicht, erklärt oder bestätigt. Diese ausgedachte Begebenheit soll dann in einem weiteren Schritt dem Rest der Klasse in Form eines Rollenspiels dargeboten werden. Entweder kennen die Zuschauer bereits die zugrunde liegende Affirmation, oder sie dürfen diese nach der Präsentation des Rollenspiels erraten. Ist die Methode des Rollenspiels im Unterricht noch unbekannt, ist es sinnvoll, dass sich die Spieler freiwillig zur Verfügung stellen und eine Gruppe bilden, in der sie das Rollenspiel einüben, während die Beobachter eine andere Aufgabe erhalten, bis das Rollenspiel beginnt.

- Damit die Kinder sich ihrer selbst bewusster werden, erhalten sie eine Affirmation wie zum Beispiel »Ich bin dankbar«, »Ich bin schlau« oder »Ich mag mich« mit der Aufgabe, diese Botschaft weiterzuführen. Sie ergänzen die Affirmation so, dass sie zu ihnen passt. Dabei entstehen längere Sätze, wie »Ich bin schlau, weil ich die Zahlen von 1 bis 10 auseinanderhalten kann« oder »Ich mag mich, weil ich gerne lache«.

Im Kunstunterricht

- Die Schülerinnen und Schüler ziehen jeweils eine Affirmationskarte und malen zu den entstehenden Gedanken, Gefühlen und Ideen ein Fantasiebild. Anschließend stellen sie ihre Bilder vor und erläutern, was sie sich beim Malen bezüglich der Motive und Farben gedacht haben. Insbesondere Vorstellungen, die sich sprachlich schwer beschreiben lassen, können im bildhaften Ausdruck eine neue Deutung erhalten.
- Nicht nur der Kunstunterricht bietet sich dafür an, eine Collage zu erstellen. Das aus dem Französischen stammende Wort »Collage« bezeichnet etwas, das aus ganz verschiedenen vorgegebenen oder vorgefundenen Dingen zusammengestellt wird. Die Schüler ziehen jeweils eine Affirmation und erstellen dazu passend in Einzel-, Partner- oder Kleingruppenarbeit völlig frei eine Collage aus Bild- und Textausschnitten, die Zeitschriften, Prospekten und Magazinen entnommen und, wenn gewollt, auch mit eigenen Zeichnungen kombiniert werden. Bewährt haben sich Plakate im DIN-A3-Format. Vom zeitlichen Umfang her sind mehrere Doppelstunden einzuplanen.
- Die Schülerinnen und Schüler malen selbst einen Bären, der zu der von ihnen gezogenen Affirmation passt. Wer mag, überträgt die Affirmation und hängt das entstandene Werk als Poster zu Hause oder im Klassenraum auf.
- Die Schülerinnen und Schüler malen alle zur gleichen Affirmation einen Bären und vergleichen und untersuchen anschließend Gemeinsamkeiten und Unterschiede bei der Darstellung der Aussage.
- Die Schülerinnen und Schüler basteln einen Kalender. Sie wählen zwölf Affirmationen aus und nehmen diese jeweils als Motto für einen Monat. Dazu passend gestalten sie zwölf Kalenderblätter. Dies kann in Gruppenarbeit für einen Klassenkalender, aber auch in Einzelarbeit für einen eigenen Kalender geschehen.
- Jedes Kind kann aufgrund der Auswahl eine für sich passende Affirmation finden, welche etwas benennt, was das Kind gerne erreichen oder fühlen möchte. Diese Affirmation kann, wie in den Ausführungen zur Affirmation (S. 76 ff.) beschrieben, abgeändert werden, damit sie sich sehr stimmig anfühlt. Das Kind entwickelt daraufhin ein eigenes Affirmationsplakat. Dieses enthält nur die Affirmation und dazu ein schönes Bild oder Foto. Es dient der optimalen Visualisierung des Ziels. Das Kind sollte das Plakat dann im Klassenraum oder in seinem Kinderzimmer aufhängen.

Kinderbild: »Ich bin stark«

- Ebenfalls möglich ist das Gestalten einer schönen Karte mit der Affirmation, welche das Kind in seinem Mäppchen oder Portemonnaie aufbewahren kann. Die künstlerische Ausgestaltung der Affirmationskarte bleibt den Kindern freigestellt.
- Ein weiterer kreativer Umgang mit einer Affirmation ist das Herstellen eines Mobiles (vgl. S. 87). Das aus dem Lateinischen stammende Wort bezeichnet ein bewegliches Ensemble von Gegenständen, welches aus einem Holz-, Plastik- oder Kleiderbügel besteht, an dem mehrere Figuren aus Papier oder Pappe mit Seilen oder Draht frei beweglich befestigt werden. Zum Beispiel könnte zu der Affirmation »Ich habe einen schönen Namen« ein Klassenmobile entstehen, für welches jede Schülerin und jeder Schüler den eigenen Namen gestaltet. Ist das Mobile fertiggestellt, kann daran deutlich gezeigt werden, dass jedes Kind ein Teil der Klasse ist und wie wichtig das Gleichgewicht für die Klassengemeinschaft ist.

Im Religionsunterricht

- Die Karten mit ihren Affirmationen können als Grundlage für ein Unterrichtsgespräch genutzt werden. Jede kann einen Impuls für einen fruchtbaren Austausch bieten. Alle Schülerinnen und Schüler werden aufgefordert, zur gezogenen Affirmation Stellung zu beziehen und ihre Meinung zu äußern. Zum Beispiel können auf die Affirmation »Ich bin liebenswert. Jeden Menschen auf der Erde gibt es nur ein einziges Mal. Auch du bist etwas ganz Besonderes und daher einfach liebenswert« die Fragen folgen: Was ist das Besondere am Menschen allgemein? Was ist das Besondere an mir? Was ist das Besondere an dieser Klasse? Die Karte »Ich werde geliebt. Es gibt Menschen und vielleicht auch Tiere für die du ein Geschenk bist« kann auch als Ausgangspunkt für die Thematisierung der Liebe Gottes genutzt werden. Gottes Schöpfung kann ebenfalls an einigen Karten thematisiert werden. Als Basis für eine Einheit zum Thema, wie sich Kinder selbst aufbauen und dabei lernen können, sich wertzuschätzen, dient auch die Karte »Ich bin freundlich zu mir. Wenn du dich im Spiegel siehst, kannst du dich nett begrüßen und anlächeln«. Bei der Karte »Ich habe Vertrauen« können die Schülerinnen und Schüler erklären, was Vertrauen für sie bedeutet, und auch, was es mit ihrem Glauben zu tun hat. Die Lehrkraft kann fragen: »Wie lebt es sich mit Vertrauen, wie, wenn es fehlt?« Anschließend kann eine vertrauensvolle Körperhaltung eingeübt und Gottes Zusage des Schutzes thematisiert werden. Jede Karte kann als Ausgangspunkt für ein produktives Unterrichtsgespräch genutzt werden. Die Lehrkraft kann zudem zu einzelnen Themen der Karten wie »Vertrauen«, »Dankbarkeit« und »Ehrlichkeit« Geschichten sammeln, die in den Unterricht mit einfließen können.
- Die Affirmation »Ich bin froh, dass es mich gibt« mit der Erklärung »Du bist einmalig« kann als Grundlage zu einer Unterrichtseinheit mit dem Thema der Einmaligkeit jedes Wesens dienen. Möglich wird dies über eine Gegenstandsmeditation. Geeignet sind Naturmaterialien wie Herbstblätter eines Baumes, Steine,

Tannenzapfen, Blumen oder auch Bilder von Schneeflocken. Schön ist es, wenn jedes Kind einen Gegenstand der gleichen Art hat, den es meditativ erkunden kann. Dabei entdeckt es die Form, Farbe, Oberfläche und weitere Details. Anschließend werden die Kinder aufgefordert, einen gleich aussehenden Gegenstand bei den Klassenkameraden zu finden. Dies ist nicht möglich, denn jeder Gegenstand ist einmalig! Wir alle sind wie die Blumen, Bäume und Tiere Einzelstücke auf der gesamten Welt.

- Neben einem Unterrichtsgespräch können auch im Religionsunterricht Beispiele gefunden werden, die zu den Affirmationen passen. Dazu können wiederum Geschichten verfasst oder Bilder gemalt werden. Die Affirmationen dienen dann als Impuls für Assoziationen, die die Kinder in Einzel-, Partner- oder Gruppenarbeit sammeln. Anschließend folgt eine Phase des kreativen Schreibens, in der die Kinder einen passenden Text, zum Beispiel eine Geschichte oder einen Brief, verfassen.
- Eine weitere Möglichkeit, um mit den Schülerinnen und Schülern in das Gespräch zu kommen, ist die Klebepunktabfrage. Dazu wird eine Affirmation von der Lehrkraft gezielt ausgesucht, zum Beispiel »Ich lerne gerne Neues«. Diese wird auf ein Plakat übertragen, darunter eine Koordinate mit den Endpunkten »Ja, genau!« und »Nein!«. Anschließend haben die Schülerinnen und Schüler die Gelegenheit, jeweils einen Punkt an die für sie stimmige Stelle der Koordinate aufzukleben. Das Plakat dient dann der Visualisierung der Zustimmung oder Ablehnung der Kinder zu der Affirmation und kann einen weiteren Gedankenaustausch ermöglichen.
- Wenn die Lehrkraft mehrere Quartette zur Verfügung hat, bietet sich eine Gruppenarbeit an. Die Klasse wird in Gruppen aufgeteilt. Jede Gruppe erhält ein Quartett. Die Affirmationskarten sollen sie nach persönlicher Priorität sortieren. An erster Stelle steht die Karte, welche für die Gruppe den wichtigsten Inhalt vermittelt. Die Gruppenarbeit kann zeitlich variiert werden, indem die Lehrkraft festlegt, wie viele Karten am Ende genannt werden sollen. In der Präsentationsphase erklären die Kinder, weshalb sie welche Karte gewählt haben, und begründen ihre festgelegte Reihenfolge. Steht weniger Unterrichtszeit zur Verfügung, bietet sich als Variante an, dass die Gruppen dem Kartenset nur die fünf für sie wichtigsten Affirmationen finden und diese der Klasse vorstellen.
- Auch im Religionsunterricht können die Schülerinnen und Schüler »bärenstarke Gedanken-Collagen«, Postkarten oder Poster mit der aktuell jeweils für sie individuell stimmigsten Affirmation gestalten und in ihren Schulordner kleben, im Klassenraum oder zu Hause aufhängen.
- Die Schülerinnen und Schüler zeichnen sich selbst auf einem DIN-A3-Bogen Papier oder Pappe und schreiben um ihr Bild herum, was ihre Persönlichkeit und Individualität ausmacht. Dient die Karte »Ich lobe mich selbst« als Grundlage für die Übung, schreiben die Kinder alles auf, wofür sie sich selbst loben können. Die Lehrkraft kann unterstützen, wenn den Schülerinnen und Schülern nicht sofort etwas einfällt. Loben will geübt sein! Auch die Karte »Meine Wünsche sind wichtig« ist sehr gut geeignet, um über die Wünsche ins Gespräch zu kommen und

Ziele finden zu lernen. Die Affirmation »Ich bin dankbar« kann die Kinder für die vielen, vielen Dinge in ihrem Leben sensibilisieren, für die sie dankbar sind. All dies wird um die gemalte eigene Person gemalt, geschrieben oder mit Symbolen festgehalten.

Im Sportunterricht und Sporttraining

- Eine mentale Ausrichtung auf sportlichen Erfolg fördert die Chance auf optimale Leistungen im Training oder Wettkampf. Die Schülerinnen und Schüler können sich daher durch die Karten zu Beginn einer Unterrichtsstunde oder eines Wettkampfes geistig positiv ausrichten. Die gezogene Affirmation kann auch gedanklich mit in das Training genommen werden.
- Eine Affirmation kann auch als Thema in einen Ausdruckstanz integriert werden. Dabei werden die Gefühle, welche eine Affirmation auslösen kann, tänzerisch umgesetzt.
- Die Karten können als Basis dienen, den Kindern die Auswirkungen der Körperhaltung bewusst näherzubringen. Wie läuft jemand, der so etwas über sich denkt, wie es auf der Karte steht, und wie läuft derjenige, der das Gegenteil denkt? Wie fühlt sich das an?

Im allgemeinen Schulalltag

- Die Karten können für ein regelmäßiges Morgenritual genutzt werden. Eine Affirmationskarte wird am Morgen für einen Schultag oder eine Unterrichtsstunde oder am Anfang einer Woche als guter Gedanke gezogen, vorgelesen und in den Tag oder die Woche gedanklich oder real mit hineingenommen. Dies bietet sich insbesondere dann an, wenn die Schülerinnern und Schüler bereits mit den Karten vertraut sind. Das Tages- oder Wochenmotto kann anschließend auf ein Plakat geschrieben werden. Es ist auch möglich, die Affirmationskarte an ein bereits vorbereitetes Plakat zu heften. Dann kann die Karte jeden Tag ausgetauscht werden.
- Als Motto für ein Projekt kann eine gezogene Karte dienen. Möglich ist, das Quartett hierzu vorher um bestimmte Karten zu reduzieren.
- Das Quartett kann natürlich jederzeit als Spiel für zwischendurch genutzt werden.
- Eine Affirmation kann jede Woche neu am Vertretungsplan ausgehängt werden.
- Eine Vertretungsstunde kann mit den Karten gestaltet werden, indem die Kinder sich eine Karte ziehen und diese dann künstlerisch oder kreativ umsetzen. So könnten die Schülerinnen und Schüler sich zum Beispiel ein kleines Theaterstück ausdenken.

3.5 Stimmen aus der Schulpraxis

Einsatz in der Grundschule

Einsatz der Karten mit Schülerinnen und Schülern im Alter von 6–7 Jahren

Die Arbeit mit den Affirmationskarten knüpfte bei uns direkt an das Unterrichtsthema »Gefühle« an. Während sich bei dieser Einheit bisher einige Kinder eher zurückgehalten und weniger von sich preisgegeben hatten, waren durch die Arbeit mit den Bärenkarten alle Kinder motiviert, mitzuarbeiten und sich am Thema zu beteiligen. Nach dem Einstieg in das Thema, bei welchem wir erarbeitet hatten, welche Arten von Gedanken es gibt (gute und schlechte), und bereits Beispiele für beide gesammelt hatten, stellte ich die Bärenkarten als Bärengedanken vor, die den Schülerinnen und Schülern dabei helfen können, gute Gedanken zu finden und damit die schlechten zu vertreiben, da immer nur Platz für einen Gedanken ist. Die Karten sprachen alle Kinder auf der Stelle an. Dies ist wohl auch darauf zurückzuführen, dass das Klassentier, mit dessen Hilfe sie lesen und schreiben lernen, ebenfalls ein Bär ist. Schwieriger hingegen fiel den Kindern die Unterscheidung zwischen einem »Gedanken« und »an etwas denken«. So wurde ein positiver Gedanke oftmals so formuliert, dass an etwas Positives gedacht wurde, wie zum Beispiel: »Ich stelle mir vor, ich habe ein leckeres Eis in der Hand.«

Diese Thematik zog sich durch die gesamte Einheit. Wir einigten uns darauf, täglich drei Bärenkarten zu ziehen. Nachdem eine Karte gezogen wurde, durften sich alle Kinder zu der jeweiligen Karte äußern. Dabei zeigte sich, dass bis auf eine Ausnahme (»Ich bin liebenswert«) alle Karten verstanden wurden. Die Kinder äußerten viele gute Beiträge, oft auch in Form eigener Erfahrungen.

Ich würde die Karten jederzeit wieder in den Unterricht integrieren. Die Kinder waren täglich aufs Neue motiviert und neugierig, welchen positiven Gedanken sie heute von dem Bären lernen würden. Neben der Motivation der Kinder kann ich festhalten, dass, angeregt durch die Karten, tolle und schwierige Gespräche entstanden sind, bei denen deutlich wurde, dass jedes Kind schon einmal Momente hatte, in denen es »schwach« war, dies aber gar nicht schlimm ist und man sich nicht dafür schämen muss. Gemeinsam sammelten die Kinder Lösungswege, welchen positiven Gedanken man das nächste Mal in einer ähnlichen Situation formulieren könnte, um sich selbst Mut zu machen. Ein solches Gemeinschaftsgefühl aufzubauen empfand ich für eine Klasse in diesem Alter (6- bis 7-Jährige), die gerade erst am Anfang steht, als eine bemerkenswerte Leistung.

Julia Mährländer
(Grundschullehrerin)

Kinderbild: »Ich bin geduldig«

Einsatz der Karten in einer 2. Grundschulklasse

Ich habe mit großer Begeisterung die Affirmationskarten in meiner Klasse im 2. Schuljahr eingesetzt, und auch die Kinder hatten viel Freude. Die Karten habe ich bisher ähnlich den Vorschlägen im Buch genutzt, und es ergaben sich sehr interessante, tiefgründige, kreative und weiterführende Unterrichtsgespräche. Ihre »Glückskarte« mit ihrer Affirmation ziehen die Schülerinnen und Schüler jeweils zum Wochenbeginn im Morgenkreis und können, wenn sie mögen, sich kurz dazu äußern. Weiterhin wird die »Wochenkarte« bei verschiedenen Anlässen, zum Beispiel vor Tests, bei den Hausaufgaben, bei schlechter Laune, Krankheit oder vor dem Schlafengehen eingesetzt. Die Schüler haben mir berichtet, dass zum Beispiel die Hausaufgaben viel schneller und leichter gehen, sie tolle Erfolge im Sportverein haben und dass weniger Streit entsteht. Ich kann die Karten sehr empfehlen, und auch in meinem Kollegium möchten viele diese einsetzen.

Liane Otto
(Grundschullehrerin)

Einsatz der Karten in einer 3. Grundschulklasse

Mit Neugier und Freude haben die Kinder der Klasse 3d die »Bärenstarken Gedanken« in ihr Tagesritual des Tagesmeisters integriert. Jeden Tag stellt ein Kind als Tagesmeisterin oder Tagesmeister den Plan des Tages vor und lädt zur Daumenrunde ein. Die Kinder zeigen mit dem Daumen nach oben, zur Seite oder nach unten und erzählen, wie es ihnen aktuell geht. Danach wählt das Tagesmeisterkind eine »bärenstarke Karte« aus, die zu ihm passt. So hat zum Beispiel letzte Woche Uta, klein und zart, die Karte »Ich bin stark!« gewählt. Sie hat ihre Wahl als für sich zutreffend bezeichnet und daraufhin Bestätigung durch Mitschülerinnen und Mitschüler erfahren. Bisher hat jedes Kind seine »bärenstarke Karte« im Anschluss an die Vorstellung mitgenommen und in sein Mäppchen gesteckt. Die Kinder begründen dies damit, die Karten für schwierige Situationen als Bestärkung zur Hand haben zu wollen.

Lene Pockrandt
(Grundschullehrerin)

Einsatz der Karten zur Stärkung der Sozialkompetenz (2. Grundschulklasse)

Meine Klasse nimmt seit vergangenem Schuljahr am Projekt »Sozialindex« teil. Hierbei geht es um Gewaltprävention, Stärkung der Sozialkompetenzen, gewaltfreien und verständnisvollen Umgang miteinander. In diesen Rahmen passen die »Bärenstarken Kinderkarten« sehr gut.

Begonnen haben wir mit der Arbeit im Sachunterricht. Im Stuhlkreis dürfen mehrere Kinder jeweils eine Karte ziehen, diese vorlesen und ihre Gedanken dazu äußern. Das Angebot wird sehr gut angenommen. Es entwickeln sich produktive Gespräche, die auf bekannte Situationen eingehen und versuchen, diese zu klären. Auch Kinder, die häufig unkonzentriert und unruhig sind, beteiligen sich rege an den Kreisgesprächen. In meiner Klasse sind mehrere Kinder aus anderen Herkunftsländern, die mit Begeisterung an den Diskussionen teilnehmen, da sie durch viele der »Bärenaussagen« eine Stärkung erfahren. Ich setze die Karten ebenfalls zur Gruppenarbeit ein. Zunächst habe ich drei Karten ausgewählt: »Ich bin stark«, »Ich bin dankbar« und »Ich mag mich«.

Diese drei Karten habe ich um das Doppelte vergrößert und in entsprechender Anzahl verdeckt an die Kinder verteilt. Nun bildeten sich mehrere Gruppen zwischen drei und sechs Kindern – jeweils mit der gleichen Karte –, die ihre Gedanken dazu aufgeschrieben und gemalt haben. Jede Gruppe hat einen Schriftführer bzw. eine Schriftführerin benannt.

Meine Klasse will als Nächstes im Kunstunterricht Collagen zu verschiedenen Karten anfertigen und im Klassenraum aufhängen. Dieser Vorschlag kam von den Schülerinnen und Schülern ohne mein Zutun.

Ich freue mich schon auf die weitere Arbeit mit den »Bärenstarken Gedanken«, da ich noch viele Ideen ausprobieren und regelmäßig umsetzen will.

Jutta Waas
(Grundschullehrerin)

Einsatz der Karten im Rahmen der Gesundheitsförderung

»Klasse2000« ist das bundesweit größte Unterrichtsprogramm zu Gesundheitsförderung, Gewalt- und Suchtvorbeugung in der Grundschule. Die Kinder lernen, was sie selbst tun können, damit es ihnen gut geht. Sie lernen ihren Körper besser kennen und erfahren viel über gesunde Ernährung, Bewegung und Entspannung. »Wie gehe ich mit Gefühlen um, wie löse ich Probleme und wie kann ich einen Streit ohne Gewalt beilegen?« – das sind weitere Fähigkeiten, die im Rahmen von Klasse2000 geübt werden. In der 4. Klasse geht es auch um die Gefahren von Tabak und Alkohol und das Vermögen, die Tricks der Werbung zu durchschauen. Die Klasse2000-Stunden werden im Sachkundeunterricht sowohl von den Lehrkräften als auch von externen Gesundheitsförderern durchgeführt.

Da nicht nur das spielerische Kennenlernen des Körpers, sondern auch die Stärkung des Selbstbewusstseins und die Wertschätzung des eigenen Körpers veranschaulicht werden, sind die »Bärenstarken Gedanken« eine ideale Ergänzung zum Klasse2000-Konzept. Gerade in der 1. Klasse im Rahmen des Themenbereiches »Das bin ich – das kann ich schon« – dabei geht es um die Stärkung des Selbstbewusstseins – können die Affirmationskarten gut eingesetzt werden. Zum Einsatz kam auch die Affirmation »Ich habe eine gute Körperhaltung« in der 3. Klasse. Im Verlauf der Unterrichtsstunde mit dem Thema »Die wichtigste Säule der Welt« (Wirbelsäule) wird den Kindern eine Sitzposition gezeigt, bei der man sehr aufrecht sitzt. Es wäre wünschenswert, solche Affirmationen auch im normalen Unterrichtsalltag zu nutzen, da manchen Kindern aus der 3. Klasse gar nicht klar war, wie eine gute, gerade Körperhaltung auszusehen hat.

Gerade in der Grundschule finde ich den Einsatz von Affirmationen sehr sinnvoll. Die Kinder sind neugierig, wissbegierig und haben in der Regel großes Vertrauen zur Lehrkraft. Doch vor allem bei den Erstklässlern herrscht oft große Unsicherheit, manchmal sogar Angst, nicht alleine zurechtzukommen, sich mit neuen Situationen und Mitschülern auseinanderzusetzen. Die »Bärenstarken Gedanken« sind sicherlich sehr hilfreich – egal in welcher Art des Unterrichts und in welcher Form sie eingebracht werden.

Stefanie Pebler
(Gesundheitsförderin Klasse2000)

Einsatz der Karten in der Förderschule für Lernhilfe (10–12 Jahre)

Schülerinnen und Schüler einer Schule für Lernhilfe sind in der Regel schon mehrfach mit Misserfolgserlebnissen konfrontiert worden und haben dementsprechend häufig ein geringes Selbstwertgefühl. Auch in meiner Klasse habe ich wiederholt die Erfahrung gemacht, dass die Schülerinnen und Schüler an ihren Leistungen zweifeln und nicht an sich glauben. Daher sah ich in den Karten »Bärenstarke Gedanken, Affirmationen für Kinder« eine gute Möglichkeit, den Kindern positive Gedanken aufzuzeigen.

Nachdem ich mit den Schülerinnen und Schülern besprochen habe, was unter »guten Gedanken« verstanden wird, durfte sich jeder von ihnen eine Karte ziehen. Die Kinder waren sofort von dem begeistert, was sie auf der Karte lesen konnten, und lasen sich gegenseitig die Affirmationen vor. Ich selbst war erstaunt, wie gut die gezogenen Affirmationen zu den jeweiligen Kindern passten.

Die Schülerinnen und Schüler hatten im Anschluss die Möglichkeit, ihre Affirmation auf ein dazu vorbereitetes Arbeitsblatt abzuschreiben und den darauf abgedruckten Bären anzumalen. Dies nutzten auch bis auf zwei Ausnahmen alle Kinder. Sie gaben sich sehr viel Mühe beim Gestalten des Bildes und strahlten dabei viel Freude aus. Drei Schülerinnen baten mich, auch für ihre Geschwister eine Karte ziehen und diese abschreiben zu dürfen.

Eine Schülerin, welche die Affirmation »Ich habe einen schönen Namen« gezogen hatte, erzählte mir, dass sie ihr Bild ihrer Mutter schenken wolle. Eine weitere Schülerin teilte mir mit, sie wolle ihre Affirmation »Ich bin schlau« über ihren Schreibtisch hängen. Nachdem die Karten so gut von den Kindern angenommen wurden, haben wir in unserer Klasse beschlossen, jeden Montag eine Wochen-Affirmation für die gesamte Klasse zu ziehen und diese gut sichtbar aufzuhängen. Dies wurde von der Klasse mit Begeisterung angenommen.

Tamara Baisch
(Diplom-Pädagogin und Förderschullehrerin)

Kinderbild: »Ich bin stark, weil wir …«

3.6 Einsatz der Karten in der kinderpsychologischen Beratung

Die Gedanken und Vorstellungen, welche sich täglich im Kopf abspielen, schwächen oder unterstützen den Menschen und beeinflussen das bewusste und unterbewusste Handeln und Erleben. Es ist daher insbesondere in der kinderpsychologischen Beratung notwendig, die Kraft der Gedanken der jungen Klienten konstruktiv zu nutzen. Dazu ist es wesentlich, den Kindern aufbauende Gedanken vorzustellen und deren Präsenz zu fördern.

Kinder mit psychischen Auffälligkeiten haben in ihren jungen Jahren den ein oder anderen Gedanken angenommen oder entwickelt, der sie mental nach unten zieht und ihnen suggeriert, nicht in Ordnung zu sein. Mithilfe der Affirmationstechnik und der »Bärenstarken Gedanken« kann den Kindern ein spielerischer und leichter Zugang zu neuen, aufbauenden Gedanken angeboten werden. Im Folgenden finden sich Gedanken und Ideen zum Einsatz der Affirmationskarten in der Kinderpsychotherapie, in der Klinik oder in der Praxis.

In der kinderpsychologischen Einzelberatung

Als Gesprächsgrundlage

- Der Psychotherapeut kann das Kind eine Karte ziehen lassen und die Affirmation vorlesen bzw. vorlesen lassen. Dieser Satz wird als Ausgangspunkt für das therapeutische Gespräch genutzt. Anhand der Affirmation »Alles entwickelt sich zu meinem Besten« werden im Folgenden beispielhaft mögliche psychologische Fragen und Impulse für ein Gespräch aufgeführt.
  - Welche Gefühle hast du, wenn du diese Affirmation hörst?
  - Welche Gedanken oder Erinnerungen kommen dir bei diesem Satz in den Sinn?
  - Würdest du dieser Aussage zustimmen? Passt sie zu dir und zu deiner Realität? Oder gibt sie einen deiner Wünsche, einen Traum oder ein Ziel wieder?

  Wenn dies nicht der Fall ist und das Kind eher denkt, dass sich sein momentanes Problem nicht löst oder positiv verändert:
  - Wie behandelst du dich selbst, wenn du denkst, dein Problem löst sich nicht auf? Wie fühlst du dich mit diesem Gedanken? Wie behandelst du andere, wenn du dies denkst? Wie fühlst du dich dabei?
  - Kennst du diesen Gedanken von früher? Wann hattest du diesen Gedanken schon einmal? Kennst du andere Menschen, die so etwas sagen?
  - Hat dir dieser Gedanke, dein Problem löse sich nicht auf, etwas Gutes gebracht? Gibt es eine positive Absicht, die sich hinter diesem Glauben versteckt? Wozu dient dieser Gedanke? Welchen Nutzen verschafft dir dieser Gedanke?
  - Wer wärst du ohne diesen Gedanken? Wie würdest du dich fühlen, was würdest du dann anders machen?

- Wie würdest du dich fühlen, wenn du die Affirmation als wahr empfinden würdest? Wie würdest du dich verhalten?
- Kennst du Situationen, in denen du einmal dachtest, fühltest oder erlebtest, dass sich ein Problem auflöst? Finde drei konkrete Beispiele von Problemen, die du hattest und die heute kein Thema mehr für dich sind.
- Was wäre das Schlimmste für dich, wenn dein Problem bestehen bliebe?
- Was bräuchtest du, damit sich dein momentanes Problem vielleicht schneller lösen könnte? Welche Unterstützung wäre dir besonders wichtig?
- Kannst du mit hundertprozentiger Sicherheit wissen, dass es für dich heute besser wäre, wenn dein Problem bereits gelöst wäre? Kannst du es auf lange Sicht wissen?
- Kannst du einen Vorteil dafür finden, dass du das Problem noch hast?

Ist das Kind alt genug, kann es einen Bericht zu der Auseinandersetzung mit der Affirmation verfassen:
- Was hat diese Affirmation und die dazugehörige Erklärung bei mir ausgelöst?
- Welche Erinnerungen kamen hoch?
- Wie fühle ich mich nun?

Als Gesprächsimpuls

Eine Möglichkeit für eine Sitzung ist, dass sich das Kind aus dem Quartett eine Karte aussucht. Daraufhin kann die Wahl thematisiert werden. Fragen können sein: Fiel dir die Wahl leicht? Weshalb ist dir gerade diese Affirmation besonders wichtig? Was bedeutet dir diese Affirmation? Inwieweit kannst du diesen Satz mit in deinen Alltag nehmen?

Zur Arbeit mit Affirmationen

Die Kinder lernen mithilfe der Karten, was Affirmationen sind. Sie erhalten die Regeln zur korrekten Formulierung eigener Affirmationen und finden die für sie am besten passende entweder mithilfe der Karten oder selbstständig mithilfe des Therapeuten. Die Affirmation benennt das, was das Kind gerne erreichen oder fühlen will. Es ist sehr wichtig, darauf zu achten, ob das Kind beim Vorlesen seiner Affirmation durch den Psychotherapeuten in eine positive Resonanz kommt, was an einem entspannten, angenehmen Gesichtsausdruck abzulesen ist. Dann ist gewährleistet, dass sich das Kind mit seiner Affirmation auch wirklich wohlfühlt. Es ist immer notwendig zu fragen, ob die Affirmation wirklich passend ist. Ist dies nicht der Fall, sollte die Affirmation, wie im entsprechenden Kapitel auf S. 76 beschrieben, so lange abgeändert werden, bis sie für das Kind wirklich komplett stimmig ist.

Anschließend arbeiten die Kinder mit der Affirmation weiter. Dazu wird die Affirmation im Geiste oft wiederholt. Insbesondere negative Gedanken sollen durch die Affirmation ersetzt werden. Hilfreich ist dabei die Stoppschildmethode: Immer wenn ein Gedanke auftaucht, der das Gegenteil der Affirmation beinhaltet oder anderweitig destruktiv ist, kann das Kind an ein Stoppschild denken, und

wenn es alleine ist, sogar laut »Stopp« sagen. Dies erinnert es daran, die negativen Gedanken zu stoppen und durch aufbauende Affirmationen zu ersetzen. Weiterhin können ältere Kinder ihre Affirmation täglich aufschreiben, laut aufsagen oder vorlesen. Sie können sie auch als Erinnerungshilfe oder Merksatz auf kleinen Notizzetteln überall hinhängen, wo es nicht stört, aber oft gesehen wird, zum Beispiel in den Schrank oder an den Badespiegel oder auch ins Portemonnaie, ins Mäppchen oder Ähnliches. Dadurch bleibt die Bekräftigung präsent.
Sehr schön ist es, wenn das Kind sich ein Affirmationsplakat gestaltet und aufhängt. Dabei wird die Affirmation auf Pappe geschrieben und mit einem Bild oder Foto verschönert. Dieses Plakat hilft, die Affirmation regelmäßig vor Augen zu haben und zu verankern. Ist das Foto oder Bild eine optimale Visualisierung des Ziels, so ist dies besonders wirksam. Das Kind sollte das Plakat in seinem Zimmer aufhängen.
Hilfreich ist es, wenn das Kind beim Lesen oder Denken der Affirmation diese bejaht. In Abständen von Wochen kann immer wieder nachgefragt werden, ob es Erfahrungen, Momente, Situationen gab, in denen sich das Kind immer mehr so gefühlt hat, wie es durch die Affirmationsaussage beabsichtigt war.

- Ebenfalls möglich ist das Gestalten einer schönen Karte mit der Affirmation, welche das Kind in seinem Mäppchen oder Portemonnaie aufbewahrt.
- Es kann auch ein passendes Bild gemalt oder ein Symbol gefunden werden, welches als Anker dient.

Als Grundlage für individuelle Fantasiereisen

- Zu dem Ziel des Kindes lässt sich auch eine individuelle Fantasiereise, in der unter Umständen auch ein Bär die Hauptrolle spielen kann, schreiben und diese mit dem Kind durchführen. Dabei sind die Hinweise im Kapitel »Fantasiereisen« (S. 63 ff.) zu beachten. Auf Seite 70 finden Sie auch die Fantasiereise »Zaubern«, welche sich als Grundlage für eine individuelle Reise eignet. Für die Affirmation »Ich lerne gerne Neues« bietet sich die Fantasiereise »Mit Freude lernen« (S. 65) an. Um Sorgen loszulassen und mutiger zu werden, kann mit dem Kind die Fantasiereise »Ängste loslassen« durchgeführt werden (S. 67).

Als Schreibimpuls

- Eine weitere Übung, um das Unterbewusstsein des Kindes sprechen zu lassen, ist die folgende: Dem Kind wird nur der Umriss des Bären auf Papier gegeben. Sie finden die Kopiervorlage dazu auf Seite 124. Über diesen Umriss soll das Kind schriftlich oder mündlich eine Fantasiegeschichte über das Befinden des Bären in der Ich-Form verfassen. Dabei soll mit einfließen, was sich der Bär wünscht und was er befürchtet. Im anschließenden Reflexionsgespräch wird gemeinsam untersucht, welche Gefühle des Kindes mit denen des Bären übereinstimmen oder ob es andere Menschen im Umfeld des Kindes gibt, auf die diese Beschreibung passt. Die Erkenntnisse aus der Geschichte fließen in die weitere psychotherapeutische Arbeit ein.

Im Klinikalltag

Zum Finden eines Mottos

- Die Affirmationskarten werden dazu genutzt, ein Tagesmotto zu finden. Dieses kann zum Beispiel zum Mittagessen in der Kantine veröffentlicht werden. Es ist auch möglich, ein Motto für eine Woche oder für eine besondere Veranstaltung zu ziehen.

Als Kinderspiel

- Das Kinderquartett kann selbstverständlich in den Pausen oder zwischendurch in seiner ursprünglichen Form als Kinderspiel genutzt werden.

Bei kinderpsychologischen Gruppentreffen

Als Gesprächsimpuls

- Jedes Kind zieht eine Karte, bekommt die Affirmation vorgelesen oder liest sie, je nach Alter, selbst vor. Reihum erzählen die Kinder ihre Erlebnisse oder Gedanken, die ihnen zu dieser Affirmation einfallen.
- Ein Gruppengespräch kann auf einer Affirmation aufbauen. Die Kinder sitzen im Kreis, eine Affirmation wird gezogen, zum Beispiel »Ich bin mutig«. Diese Karte wird als Gesprächsgrundlage verwendet. Die Kinder können erklären, was es für sie bedeutet, mutig zu sein. Der Psychotherapeut eröffnet einen Austausch, zum Beispiel mit der Frage: »Was bedeutet für euch Mut?« Anschließend kann vorgeschlagen werden, dass nun alle sehr mutig seien und dementsprechend mutig durch den Raum laufen, ein mutiges Gesicht aufsetzen und Ähnliches.
- Die Karte »Ich bin dankbar. Es gibt viele Dinge über die du dich freuen kannst« kann den Kindern als Basis dienen, all das aufzuschreiben, wofür sie dankbar sind. Es kann in der Gruppe zu einem Austausch darüber kommen, der hilft, die eigene Dankbarkeitsliste zu erweitern. Auch andere Karten wie »Ich kann viel. Du kannst malen, basteln, lachen, Tiere streicheln und spielen. Denke an die Dinge, die dir gelingen« sind dafür geeignet.

Zum Standbildbauen

- Die Aufgabe lautet, den Inhalt einer gezogenen Affirmation mithilfe eines Standbildes darzustellen. Wie steht jemand da, der diesen Satz denkt? Genauso kann auch das Gegenteil der Affirmation dargestellt werden. Ein Kind sucht sich dazu ein anderes Kind aus und stellt dieses, ohne dabei zu sprechen, in die gewünschte Position. Es zeigt dem Kind, wohin es blicken soll, und macht die Mimik vor. Die Gestik gestaltet es behutsam. Es können auch weitere Kinder zum Standbild hinzukommen. Sobald das Standbild fertig ist, halten die Beteiligten für eine halbe bis ganze Minute ihre Haltung. In der Reflexionsphase beschreiben die zuschauenden Kinder, wie das Standbild auf sie wirkt. Wenn sie die darzustellende Affirmation nicht kennen, geben sie Tipps ab, welche Affirmation gemeint sein könnte. Der Schöpfer des Standbildes kann erzählen, was er sich bei der Darstellung gedacht hat.

Zum kreativen Gestalten

- Die Kinder ziehen eine Affirmation. Dazu basteln oder kneten sie Passendes. Als Material zum Modellieren eignen sich zum Beispiel Pappmaschee, Gips, Knete, Ton oder Salzteig.

Als Ratespiel

- Die Affirmationskarten können auch Grundlage für ein Ratespiel sein. Ein Kind zieht eine Karte, bekommt die Affirmation vorgelesen, falls es zum Vorlesen noch zu klein ist, und spielt diese anschließend den anderen Kindern pantomimisch vor, welche die Affirmation erraten. Genauso kann auch mit dem Gegenteil der positiven Aussage umgegangen werden. Sie erleben, wie es sich anfühlt, eine starke oder schwache Körperhaltung einzunehmen.

Als Vorlage für Gefühle

- Eine weitere Möglichkeit ist, dass die Kinder gemeinsam eine Affirmation nachspielen und dabei in das Gefühl kommen können, wie es ist, so zu denken.

Zur Themenfindung

- Die Inhalte einzelner Karten können auch als Basis für eine gemeinsame Aktivität genutzt werden. Zum Beispiel kann die Karte »Ich habe eine gute Körperhaltung. Ganz aufrecht und gerade kannst du deinen Weg gehen« für eine Einheit über Körperhaltung genutzt werden. Die Kinder üben gemeinsam das gerade Gehen und spüren den Unterschied zu gebeugten Haltungen. Die Karte »Ich achte die Natur. Die Landschaften mit ihren Blumen, Bäumen und Steinen sind wunderbar und können dich erfreuen« kann sehr gut für ein Gespräch, als Grundlage für das Zeichnen eines Bildes oder als Start in einen bewussten Erkundungsausflug in die Natur zur Wahrnehmungsschulung genutzt werden. Eine Aufgabe dabei könnte sein, dass die Kinder sich gegenseitig auf das Schöne in der Umwelt aufmerksam machen und zählen, wie viele schöne Blumen, Vögel, Wolken … ihnen bei einem zeitlich begrenzten Spaziergang auffallen. Ziel dieser Übung ist es, die Wahrnehmung und Dankbarkeit für die schönen Dinge in der Natur, die uns immer umgeben, zu schulen und dadurch ein besseres Gefühl zu erreichen.
- Die Karten mit dem Inhalt »Ich bin mutig. Du bist jung und machst viele Dinge das erste Mal. Weil du dich das traust, bist du sehr mutig« oder »Ich bin schön. Du kannst an dir viel Schönes entdecken, zum Beispiel deine Augen und dein Lächeln« können als Inspiration für einen gemeinsam gestalteten Tag genutzt werden.
- Die Karte mit der Affirmation »Ich habe einen schönen Namen. Du hast genau den richtigen Namen bekommen, der zu dir passt, und er ist gut so, wie er ist« kann die Kinder dazu bringen, sich genauer mit ihrem Namen auseinanderzuset-

zen. Der Name jedes Kindes kann gemalt, gesungen oder liebevoll gerufen werden. Der Ursprung eines Namens ist sehr interessant, und es kann Halt geben zu wissen, dass der Name einen tieferen Sinn hat.

- Die Affirmation »Ich liebe die Tiere. Jedes Tier ist ein Wunderwerk und möchte gut behandelt werden« dient als Ausgangspunkt zur Beschäftigung mit Tieren, die gespielt, gebastelt, geknetet oder gemalt werden können, und zur Förderung der Achtung vor der Erde mit all ihren Lebewesen.

Zum kreativen Erzählen

- Ein Kind zieht eine Karte und passend zu der Affirmation erfindet es eine Geschichte über den Bären, die es der Gruppe erzählt.

Zum kreativen Malen

- Die Kinder malen selbst einen Bären, der zu der von ihnen gezogenen Affirmation passt.

Zur Collagenarbeit

Kinder bekommen durch kunsttherapeutische Elemente wie Malen, Kneten oder Gestalten einen leichteren Zugang zu ihrer Innenwelt. Durch die entstehenden Werke kann sich das Unterbewusstsein des Kindes spontan mitteilen und können Heilungsprozesse angestoßen werden. Der kreative Schaffensprozess wirkt stärkend und fördert Eigeninitiative, Freude, Kraft und Selbstvertrauen. Im Mentaltraining wird die Arbeit mit Collagen als wirkungsvolles Mittel eingesetzt. Diese leicht zu erlernende kreative Technik kann auch für Kinder zur Stärkung ihrer Persönlichkeit und des Selbstbewusstseins sowie zur schnellen Aktivierung von Fantasie und Kreativität hilfreich sein.

- Die Kinder sollten in einer ruhigen Umgebung ausreichend Zeit haben. Mindestens ein halber Tag ist realistischerweise einzuplanen. Dem Kind entsprechend kann es sinnvoll sein, eine angenehme Hintergrundmusik abzuspielen. Neben den »Bärenstarken Gedanken«, einem festeren Fotokarton in der bewährten Größe von etwa 40 × 50 cm, Kleber und Schere wird bedrucktes Papier aus Illustrierten, Prospekten, Zeitungen und Zeitschriften benötigt. Weitere Materialien, die in eine Collage einfließen könnten, sind Stoffe, Holz, Blätter, Äste und andere Materialien aus der Natur sowie persönliche Erinnerungen wie Briefe, Stadtpläne, Fotos, Schmuck.
  Jedes Kind zieht entweder eine Affirmationskarte oder wählt sich bewusst eine Botschaft aus. So kann die Karte »Ich bin ein guter Freund« dazu dienen, als Thema »Freundschaft« zu wählen. Die Frage »Was ist Freundschaft?« begleitet dann die Gestaltung der Collagen, während der Begriff der Freundschaft durch die Arbeit sichtbar und individuell greifbar wird.
  Die Affirmation dient als Inspiration für die Collage, welche völlig frei erstellt wird. Dazu reißt das Kind im ersten Schritt ohne lange Vorüberlegungen intuitiv grob alles aus Zeitschriften und Magazinen heraus, was zur Affirmation passt. An-

schließend schneidet es dieses entweder sorgfältig aus oder reißt es feiner in Form, legt es zurecht und kann es während dieser Arbeit hin und her schieben. Zwischendurch oder am Ende klebt das Kind dann alles auf, wie es ihm gefällt.
Das Reißen kann dem Schneiden mit der Schere vorgezogen werden, da dadurch mehr Zufallsergebnisse bei der Reißkante möglich sind. Beim Reißen entsteht immer sowohl eine weiße Reißkante als auch eine Farbkante, beide haben ihren eigenen Reiz und können die Collage dementsprechend beeinflussen. Außerdem ermöglicht das Reißen ein befreiendes Gefühl, da es einfach und leicht von der Hand geht und die Einengung durch die Schere entfällt.

Das Entstehen einer Collage ist ein Prozess, der Lebendigkeit, Veränderung und Bewegung zum Ausdruck bringt. Das Kind kann sich neu orientieren und sich selbst auf eine neue Art begegnen. Die Collagenarbeit ist, da sie immer im eigenständigen Schaffen einer neuen, einmaligen Bildkomposition mündet, von Erfolg gekrönt, was das Kind stärkt, bestätigt und entspannt.

Dazu ist es wichtig, dass jedes Kind die Zeit zur Verfügung hat, die es für seine Collage benötigt. Es darf kein Zeitdruck entstehen. Das langsame Wachsen des Bildes und die Entwicklung sind für die therapeutische Wirkung notwendig. Dann kann das Kind beruhigt sein, dass es sich nicht sofort festlegen muss, sondern immer wieder neu entscheiden kann, Aufgeklebtes mehrmals zu überkleben, ohne dass diese Veränderung später für Dritte noch sichtbar sein wird. Als misslungene Entscheidungen bewertete Vorgänge können daher immer wieder ausgebessert werden, sodass das Kind frei und leicht arbeiten kann. Die Erfahrung des Kindes, beim Gestalten der Collage ohne Druck das machen zu dürfen, was es will, setzt Schaffensfreude und Schaffenskraft frei, die stärkt.

Das Selbstbewusstsein der kreativ Tätigen wird insbesondere dadurch gefördert, dass die Collagenarbeit völlig frei von Regeln, Leistungsdruck oder Vorbildern geschieht. Die Frage nach der Richtigkeit des Vorgehens erübrigt sich. Das, was das Kind macht, ist immer richtig (Kollmorgen 1988, S. 27). Die Kinder lernen dadurch, dass sie selbstständig ihren Weg durch die kreative Arbeit finden. Sie selbst wählen intuitiv Wort- und Bildfetzen aus, lassen sich von Farben und Formen leiten und suchen die für sie stimmigen Mosaiksteine aus.

Die Reflexion ist freiwillig, das heißt das Kind muss nicht sagen, was es denkt oder fühlt. Es kann dies aber tun, wenn es das beabsichtigt. Dann schildert es, was es sich beim Erstellen gedacht hat, und kann seine Collage dem Psychotherapeuten oder der Gruppe vorstellen und beschreiben. Über die Collage kann eine Gesprächsbereitschaft entstehen, welche für den Heilungsprozess hilfreich ist. Das geklebte Bild kann unter Umständen die Freuden, Sehnsüchte, aber auch Ängste und Unausgesprochenes besser sichtbar machen, sodass eine Aufarbeitung beginnen und die Heilung einsetzen kann.

Vielleicht möchte das Kind seiner Collage auch einen Namen geben, den es den anderen mitteilen möchte. Auch dies kann helfen, den momentanen emotionalen Stand des Kindes besser zu verstehen.

- Wenn mehrere Kinder ihre Collage fertiggestellt haben, ist zu überlegen, ob ein Gedankenaustausch untereinander sinnvoll ist. Das einzelne Kind sollte entscheiden dürfen, inwiefern es sich äußern will und ob es sich wünscht, dass die anderen ihrerseits ihre Gefühle, Assoziationen und Eindrücke beim Betrachten der Collage äußern. Dabei ist wesentlich, dass keine abwertenden Kommentare über einzelne Collagen fallen dürfen. Jede Collage ist ein Stück der eigenen Persönlichkeit und für den Gestaltenden wertvoll. In jede Collage bringt der kreativ Arbeitende einen Teil von sich ein, und daher ist jedes Werk genauso einmalig, wertvoll und individuell wie sein Schöpfer. Die Werke können nicht untereinander verglichen werden. Toleranz und Einfühlungsvermögen durch die anderen sind daher dringend notwendig. Jeder Betrachter einer Collage zeigt bei seiner Interpretation wiederum nur seine eigenen Empfindungen, Gefühle und Gedanken, die mehr mit ihm als mit der betrachteten Collage zu tun haben.

Collagen können zum einen als Ist-Zustands-Collage die aktuelle Ist-Situation verdeutlichen, zum anderen als Ziel-Collage der Unterstützung der Zielerreichung dienen. Eine Collage kann auch über den Zeitraum einer Therapie verändert werden, indem Aufgeklebtes wieder entfernt oder überklebt wird. Dann kann eine Collage ein Begleiter über den gesamten Therapiezeitraum und darüber hinaus sein. Am Anfang der Collagenarbeit aufgrund einer Affirmation steht je nach Empfinden ein erstrebenswerter, gesunder Zielzustand als Inspiration oder die Darstellung bereits vorhandener Eigenschaften. Wird ein Ziel künstlerisch mit einer Collage dargestellt, fördert das den Weg, selbst diesem Zustand näher zu rücken. Es entsteht dann eine Zielcollage. Es ist sinnvoll, diese Collage an einem Platz aufzuhängen, wo das Kind sein Werk oft sehen und sich dadurch weiter damit beschäftigen kann. Das Schöne an der Arbeit mit einer Collage ist, dass das Kind machen kann, was es will, denn es gibt keine Vorschriften und keine Regeln. Das Kind ist auch keinem Leistungsdruck ausgesetzt, da nicht das Ergebnis, sondern der künstlerische Gestaltungsprozess das Wesentliche ist. Auch das Vergleichen der eigenen Collage mit der von anderen ist unerwünscht.

Einen interessanten Aspekt bietet das technisch perfekt hergestellte Bild- bzw. Werbematerial, welches in einem ersten Schritt erst zerstört wird, um dann in einem zweiten Schritt in einem anderen Zusammenhang neu zu entstehen. Auch ist es möglich, aus einem vorhandenen Bild, zum Beispiel einer Wiese, ein Herz auszuschneiden. Jedes Motiv kann in ein anderes übergehen. Gerade in der heutigen Zeit, in der Bilder zusammenmontiert und bearbeitet werden, ist es eine lehrreiche Erfahrung, selbst mit der Collagenarbeit ein neues Bild entstehen zu lassen. Die Tätigkeit dieser Kunsttherapie mit dem Entfernen einzelner Teile aus einem bisherigen Zusammenhang, um sie dann anders wieder zusammenzufügen, damit etwas ganz Neues entsteht, kann auch symbolisch für den eigenen Lebensweg oder für einzelne Erfahrungen stehen. Ganz unbewusst kann dies für ein Kind zu einer segensreichen Erkenntnis werden, dass auch aus Getrenntem wieder etwas Schönes, etwas Einmaliges entstehen kann. Für Kinder, die unter der Scheidung ihrer Eltern leiden, mag dies eine positive Erfahrung sein.

Indem das Kind ein greifbares künstlerisches Werk schafft, kann es seine eigenen Kräfte wiederentdecken.

Laut Charlotte Kollmorgen, welche die Collagen-Therapie konzipierte und sehr erfolgreich in die Rehabilitation einführte, fördert die Collagen-Therapie als pure Kreativitätsübung schnell und nachweisbar die Selbstständigkeit und Eigenverantwortung. Collagenarbeit als ein künstlerisches Mittel zur Selbstfindung sowie als Ausdruck der eigenen Persönlichkeit, der Gedanken und Ideen hilft, die eigene schöpferische Kraft für sich stärkend zu nutzen. Neben der Fantasie und Kreativität werden auch die Sinne durch diese Arbeit neu geschärft. Während des Schaffensprozesses kann das Kind seine Collage auch aus der Ferne oder von der Seite her betrachten und mit diesem Abstand sein Werk neu sehen lernen. Die Kleinigkeiten treten wieder mehr in das Bewusstsein, da jedes Mosaikteil für das Gesamte wesentlich ist.

3.7 Stimmen aus der therapeutischen Praxis

Einsatz der Karten bei Selbstwertproblematik

Ich konnte die Karten gut bei einem Jungen mit einer Selbstwertproblematik einsetzen. Bis auf einige Ausnahmen, zum Beispiel »Ich achte die Natur«, eignet sich hierfür auch das gesamte Set. Zusätzlich lassen sich die Karten gut zur Vorbereitung einer weitergehenden Hausaufgabe einsetzen. Einen 13-jährigen Angstpatienten ließ ich, nachdem wir das Kartenset durchgesprochen hatten, zu Hause »51 Wege zum Lob« aufschreiben – er sollte sich schriftlich auf 51 verschiedene Arten loben. Insgesamt durchaus gelungen und eine angenehme Unterstützung für die therapeutische Arbeit.

Sascha Decristan
(Diplom-Psychologe)

Einsatz der Karten in der Angsttherapie

Prüfungsängste

Die Versetzung des zehnjährigen Schülers Kevin ist in Gefahr. Er leidet selbst sehr darunter und quält sich mit starken Selbstzweifeln. Sein größter Wunsch ist es, endlich bessere Noten zu schreiben und in die nächste Klasse versetzt zu werden. Aufgrund seiner starken Prüfungsängste kommt es bei Klassenarbeiten immer wieder zum Blackout. All sein gelerntes Wissen ist dann wie »weggeblasen«.

Das ist ihm schon mehrfach passiert. Dies hat zur Folge, dass Kevin nun schon im Vorfeld nervös wird: Je näher ein aktueller Termin für eine Klassenarbeit rückt, umso stärker wird seine Angst, wieder zu versagen.

Ein typischer Fall. Vielen Schülern geht es in einer solchen oder ähnlichen Situationen wie ihm. Die Angst gewinnt die Oberhand. Der Teufelskreis beginnt. Die Betroffenen sprechen von der »Angst vor der Angst« oder von der »Angst, die Kontrolle zu verlieren oder zu versagen«.

Auch bei der Angsttherapie können die Affirmationskarten eine wertvolle Hilfe bieten: Denn Angst entsteht sehr oft im Kopf bzw. in den Gedanken, oder eine vorhandene Angst wird durch angstvolle Gedanken verstärkt.

Das eigene Bewertungsmuster mit der ABER-Formel[1] entlarven und dysfunktionale Kognitionen umstrukturieren

Zunächst hat jede Angst einen *Auslöser* (A). Das ist im Beispiel von Kevin die Klassenarbeit. Daraus ergibt sich eine *Bewertung* (B). Kevin bewertet die Klassenarbeit so: »Ich werde versagen«, »Mir fällt bestimmt wieder nichts ein«, »Ich habe Angst, etwas Falsches aufzuschreiben«. Für seinen Freund Mario (10 Jahre) sind Klassenarbeiten jedoch eine tolle Herausforderung. Er sagt: »Da kann ich endlich zeigen, was ich alles weiß.«

Zunächst ist es wichtig zu klären: Was ist der Auslöser (A) für ein bestimmtes Gefühl, und wie bewertet (B) das Kind diesen. Als nächster Schritt wird herausgearbeitet, mit welchen *Emotionen* (E) es darauf reagiert. Kevin sagt zum Beispiel, dass er sich hilflos, klein und ausgeliefert fühlt, während Mario vor Motivation und Zuversicht sprüht. Dann geht es darum, zu klären, welche *Reaktionen* (R) die Punkte A, B und E bei dem jungen Patienten hervorrufen. Kevin will gar keine Klassenarbeiten mehr schreiben und am liebsten krank sein. Er bekommt daher auch tatsächlich regelmäßig Bauchschmerzen, Durchfall oder sonstige körperlichen Reaktionen. Bei Mario findet aufgrund der positiven Bewertung eine ganz andere Reaktion statt: Er reagiert mit entspanntem Handeln, bewahrt Ruhe und lernt fleißig.

Wenn die ABER-Reaktion durchschaut ist, kann zusammen mit dem Schüler überlegt werden, wie er den Auslöser in Zukunft anders bewertet kann, damit die erwünschte positive Emotion und Reaktion möglich wird.

Für Kinder ist es oft schwer, einen anderen – positiven – Blickwinkel auf eine für sie schwierige Situation einzunehmen sowie eine neue Bewertung dafür zu finden. Das Hinzuziehen der Affirmationskarten kann diesen Prozess sehr hilfreich unterstützen.

Die einzelnen Schritte der Vorgehensweise

1. Aus dem Kartenstapel wird nacheinander immer die oberste Karte gezogen.
2. Die gezogene Affirmation wird laut vorgelesen.
3. Es wird gemeinsam besprochen, ob und inwieweit dieser Satz für die aktuelle Situation hilfreich ist.

Kevin hat beispielsweise die Karte mit der Affirmation »Mir darf es gut gehen« gezogen. Die Therapeutin fragt ihn zunächst: »Was sagt dir dieser Satz spontan zum Thema Klassenarbeit?«

Kevin fällt dazu ein: »Auch wenn wir übermorgen eine Klassenarbeit schreiben, darf es mir heute gut gehen – ja und morgen auch. Und warum nicht auch am Tag der Klassenarbeit?« Weiterhin

1 Die ABER-Formel beruht auf Schwarz/von Witzleben (2004).

kommt ihm dazu in den Sinn: »Auch wenn ich Angst vor der Arbeit habe, darf es mir gut gehen!« und: »Eigentlich geht es mir doch gut, wenn nur die Angst vor der Klassenarbeit nicht wäre! Wenn ich also die Angst ablegen kann, geht es mir noch besser!« Als Kevin nichts mehr einfällt, fragt die Therapeutin: »Inwieweit kann dir dieser Satz bei der Klassenarbeit helfen?«

Natürlich sind im Kartenset auch Karten enthalten, die nicht so richtig zur aktuellen Thematik passen, in Kevins Situation beispielsweise »Ich achte die Natur«, »Ich pflege meinen Körper«, »Ich liebe die Tiere«.

1. Mit den gezogenen Karten werden zwei Stapel gebildet:
   → Stapel A mit Affirmationen, welche dem Auslöser eine neue Bewertung zuschreiben
   → Stapel B mit den Karten, die nicht zur aktuellen Situation passen
2. Das »Spiel« kann so lange gespielt werden, bis entweder alle Karten des Ausgangsstapels gezogen und auf einen der beiden oben genannten Stapel verteilt wurden, oder – je nach vorhandener Zeit und wie flüssig das Kind hilfreiche Gedanken dazu findet –
3. bis mindestens fünf passende positive Affirmationen für den Stapel A gefunden wurden.

Impulse zur weiteren Vertiefung dieser Übung im Alltag

Das Kind schreibt sich die gefundenen Affirmationen des Stapels A auf und

- liest sich diese Affirmationen abends vor dem Einschlafen mehrmals langsam und intensiv durch;
- nimmt sich jeden Tag eine Affirmation als Motto für diesen Tag vor – dazu werden nochmals all die Gründe aufgeschrieben, weshalb dieser Satz ihm bei der aktuellen Thematik hilft;
- stellt sich vor, wie es in der belastenden Situation entsprechend den Affirmationen künftig positiv handeln wird und wie es sich dabei fühlt.

Es empfiehlt sich, diese Technik des Mentalen Trainings oder der systematischen Desensibilisierung vorab in der Therapiesitzung mit dem Kind anzuleiten und sie mit ihm im entspannten Zustand mehrfach zu üben.

Melanie Seidl-Jester
(Heilpraktikerin für Psychotherapie – HPG)

Weitere Einsatzmöglichkeiten in der Kinder- und Jugendpsychotherapie

Das Set der Affirmationskarten für Kinder konnte ich hervorragend in der ambulanten Einzel- und Gruppentherapie mit Kindern einsetzen. Die Karten sind fantasievoll und übersichtlich gestaltet und sprechen Kinder bis ca. zehn Jahre gut an. Die Karten eignen sich als Gesprächsimpuls, aber auch als »Mottokarten«, zum Beispiel für die kommende Woche. In der Einzeltherapie verhalfen die Karten den Kindern dazu, wichtige Therapiethemen ansprechen zu können. Der Einsatz ist vielseitig und hilft besonders jüngeren Kindern in der Therapie. Ich kann die Affirmationskarten und deren Einsatz sehr empfehlen.

Dr. med. Petrissa Slomka
(Fachärztin für Kinder- und Jugendpsychiatrie und -psychotherapie)

Ich habe mit einem achtjährigen Mädchen gearbeitet, das unter sozialen Ängsten leidet. Es handelt sich um ein sehr aufgewecktes und kognitiv weit entwickeltes Mädchen. Sie hat sich sehr gern mit den Texten auf den Karten beschäftigt, und wir kamen darüber ins Gespräch, wann sie welche Fähigkeit bei sich selbst wahrnimmt und in welchen Situationen sie das nicht kann. In dieser Psychotherapie konnte ich die Affirmationen nutzen, um mit dem Kind Stressoren klarer zu identifizieren und auch Stabilisatoren zu erkennen, die in den Angstsituationen nutzbar gemacht und eingeübt werden können.

Weiter konnte ich die Affirmationskarten mit einem fünfjährigen Jungen nutzen, der unter dem Familienzuwachs durch einen jüngeren Bruder leidet. Auch in dieser Therapie nutzte das Kind die Möglichkeit, anhand der Affirmationen über seine eigene subjektiv erlebte Situation zu sprechen und in Folge zu malen, warum es beispielsweise für ihn nicht möglich ist, für den kleinen Bruder »ein guter Freund« zu sein (die Mutter ist nach komplizierter zweiter Schwangerschaft sehr ängstlich, und sobald der jüngere Sohn weint, beschuldigt sie den Fünfjährigen, etwas mit ihm angestellt zu haben). Anhand der Analyse dieser Konfliktsituation war ein Gespräch mit der Mutter und dem älteren Sohn möglich, das zu einer deutlichen Entspannung geführt hat.

Diese Karten können in der Psychotherapie mit Kindern sehr gut genutzt werden.

Birgit Werner

(Diplom-Psychologin und Psychologische Psychotherapeutin)

Kinder und Jugendliche brauchen wie wir Erwachsene positive Rückmeldungen im täglichen Leben. Mit zunehmendem Alter gewinnt bei Kindern neben dem Bedürfnis nach Zuwendung durch ihre Eltern oder nahestehende Mitmenschen auch die Fähigkeit zur Selbstverstärkung immer mehr an Bedeutung. Selbstverstärkung ist daher für die Entwicklung von Selbstvertrauen genauso wichtig wie das Lob von anderen. Selbstakzeptanz und Anerkennung erworbener Kompetenzen spielen auch schon bei jungen Menschen eine wichtige Rolle. Durch gute und schlechte Erfahrungen mit ihrer Umwelt entwickeln Kinder Erwartungen, woraus sich eine eigenständige Selbstwirksamkeit ihres Handelns, Denkens und Fühlens ableitet. Selbstwirksamkeit heißt im günstigen Fall, dass Kinder eine Überzeugung entwickeln, etwas schaffen zu können, und Vertrauen in ihre eigenen Fähigkeiten haben. Im ungünstigen Fall bedeutet eine gering ausgebildete Selbstwirksamkeit jedoch, dass Kinder sich wenig zutrauen, schnell aufgeben, nur schlecht Entscheidungen fällen können oder sich sogar schnell zurückziehen und Kontakte mit anderen oder ihrer Umwelt meiden. Aus Misserfolgen, häufiger Kritik und einer schlechten Selbstwirksamkeit entstehen negative Gedanken, die immer häufiger präsent sind und schließlich Handeln, Denken und Fühlen ungünstig beeinflussen. Es entsteht ein Teufelskreis, eine Spirale negativer Abläufe. Sowohl Kinder in ihrer normalen Entwicklungsphase als auch Kinder mit internalisierenden und externalisierenden Störungen können sehr von den hier vorgestellten Karten profitieren. Sie bieten für die Kinder die Möglichkeit, die Spirale negativer Denkabläufe zu unterbrechen und nicht defizitär, sondern positiv und ressourcenorientiert zu denken. Je nach Einbettung in ein Spiel – ob zu zweit oder in der Gruppe –, durch Verwendung als symbolischer Selbstverstärker oder als imaginatives Mittel können die Karten durch verschiedene Einsatzmöglichkeiten und -varianten die kindliche Entwicklung fördern und unterstützen.

PD Dr. med. Lars Wöckel

(Facharzt für Kinder- und Jugendpsychiatrie und -psychotherapie)

3.8 Einsatz der Karten in weiteren Bereichen

Für den Einsatz der Karten kommen noch viele weitere Bereiche in Betracht. Ein sinnvoller Einsatz bietet sich in Spielgruppen, Mütter- und Familienzentren, Kindermusikgruppen sowie bei Tagesmüttern an. Überall, wo mehrere Kinder zusammenkommen, können einzelne Übungen für Gruppen mit den »Bärenstarken Gedanken« durchgeführt werden. Auch im Sportverein, in dem Mentales Training häufig bereits als Methode angewandt wird, sind die Karten gut aufgehoben.

Engagierte Mütter und Großmütter, aber auch moderne Väter und Großväter können die Karten dem Kind bzw. Enkelkind vorstellen und einzelne Übungen auswählen. Auch interessierten Babysittern erschließt sich ein neuer Erfahrungsbereich mit den Affirmationskarten. Sehr zu begrüßen ist, dass sich immer mehr Menschen zum Kindermentaltrainer ausbilden lassen und verstärkt wöchentliche Treffen anbieten. Für solche expliziten Zusammenkünfte bietet sich das Kartenset ebenfalls an.

Die »Bärenstarken Gedanken« finden ihren Weg auch in Kinderarztpraxen, Kinderkrankenhäuser und Kinderheime. Auch im Kindergottesdienst können die Karten in Anlehnung an den Einsatz im Religionsunterricht Verwendung finden. Es bleibt abzuwarten, welche zusätzlichen Einsatzmöglichkeiten sich in der Praxis zeigen werden.

3.9 Stimmen aus weiteren Praxisbereichen

Einsatz der Karten beim Babysitten

Ich habe die »Bärenstarken Gedanken« beim Babysitten ausprobiert und bin positiv überrascht, wie gut sich die Kinder darauf eingelassen haben.

Anfangs habe ich mir Gedanken darüber gemacht, wie ich den beiden Jungs Leonard, knapp fünf, und Aaron, acht Jahre alt, überhaupt erkläre, was Affirmationskarten sind. Da die Karten aber sehr kinderfreundlich gestaltet und auch als Quartettspiel einsetzbar sind, stellte dies keine Hürde dar. Ich ließ beide Kinder erklären, was Gedanken sind. Leonard meinte: »Gedanken sind das, was man denkt, zum Beispiel denke ich, dass die Eintracht gewinnt.« Anschließend machte er ein Wortspiel aus Gedanken: »Die Gedanken der Gedanken sind Gedanken ...« Die Idee, mit Kindern als spielerische Einstiegsmöglichkeit Reime zu bilden, gefiel mir. Der Jüngere ergänzte als Beispiel, was Gedanken seien: »Wenn ich zum Beispiel Fußball spiele und denke, ich verliere.« Nach einem kurzen Gespräch darüber, weshalb er jetzt »verlieren« und nicht »gewinnen« gesagt hatte, zogen beide eine Karte.

Aaron zog die Affirmationskarte »Ich bin mutig« und bestätigte, dass er auch manchmal mutig sei. Leonard zog zuerst die Karte »Was ich sage, ist wichtig«. Nachdem sein großer Bruder und ich ihm den Sinn dieser Affirmation erklärt hatten, den er noch nicht verstand, wollte er eine neue Karte ziehen und zog »Ich bin geduldig«. Diesen Satz verstand er und nannte sogar ein Beispiel dafür: »Wenn Papa länger arbeitet, dann muss ich geduldig sein und noch etwas warten.« Nach einem anschließenden Gespräch bemalten die Kinder den Bären, welcher vorher kopiert worden war (Kopiervorlage S. 123).

Die Affirmationskarten sind für Kinder ab dem dritten Lebensjahr empfehlenswert, allerdings sollten bei den jüngeren Kindern die Karten aussortiert werden, deren Inhalt sich nicht sofort erschließen lässt. Ich hoffe, es wird viele Babysitter geben, die die Zeit mit den Affirmationskarten füllen, bis es heißt: »Jetzt aber ab ins Bett«.

Sigrid Feierabend
(Sozialarbeiterin B.A.)

Einsatz der Karten im Kinderyogakurs

Ich habe die Karten in meinen Kinderyogakursen eingesetzt und damit beachtliche Erfolge erzielt. In einem Kurs habe ich Kinder im Kindergarten- und Grundschulalter. Die Karten kamen zum Einsatz, als ich das Autogene Training eingeführt habe. In dieser Kurseinheit lernen die Kinder unter anderem mit »Zaubersprüchen« die formelhaften Vorsätze des Autogenen Trainings. Die »Bärenstarken Gedanken« benutzte ich als Einstiegshilfe, um den Kindern zu Beginn der Übungsstunde zu vermitteln, dass sie viele Fähigkeiten und Fertigkeiten besitzen. Hierzu wurden die Karten in die Mitte gelegt und die Kinder durften sich eine ziehen. Wer schon lesen konnte, las seine Karte vor, bei den Kindergartenkindern übernahm ich diese Funktion. Nach dem Vorlesen legten wir sie vor unsere Matten. Ich konnte den Stolz und das Selbstbewusstsein der Kinder deutlich spüren. Es kam auch vor, dass die Kinder Kommentare zu ihren Karten abgaben, indem sie von ihren Erfahrungen berichteten. Wenn ein Kind gar nichts mit seiner Karte anzufangen wusste, zog es sich eine weitere Karte, mit der es dann zufrieden war. Am Ende der Yogastunde wollten die Kinder immer ihre Karten mit nach Hause nehmen, das habe ich aber nicht zugelassen, sondern ihnen vielmehr die Kopie von dem Bären mitgegeben, in die sie ihre Gedanken aufschreiben oder aufmalen konnten (Kopiervorlage S. 125).

In einem anderen Kinderyogakurs arbeite ich mit Kindern von 12 bis 14 Jahren. Auch hier habe ich die »Bärenstarken Gedanken« eingesetzt, als ich das Autogene Training eingeführt habe. Bei dieser Altersspanne arbeite ich nicht mehr mit »Zaubersprüchen«, sondern erkläre ihnen, dass alle Gedanken Körperreaktionen auslösen und die Gefühlslage bis hin zum Verhalten beeinflussen. Die Methodik bleibt jedoch die gleiche. Wieder werden die Karten in der Mitte verteilt und die Kinder können sich eine ziehen und dann vorlesen. Wiederum bemerkte ich, wie positiv sich die Karten auf das Empfinden der Kinder auswirkten. Die Kinder wurden umgänglicher und gaben mehr von sich preis. Ich hatte oft das Gefühl, dass sie vieles an- und ausgesprochen haben, was sie ohne die Karten nicht gesagt hätten.

Mich haben die Karten vollends überzeugt und ich denke, ich werde sie noch vielfältiger einsetzen können. Ich kann die Karten sehr empfehlen, sie werden jegliche pädagogische und therapeutische Arbeiten bereichern.

Simone Hahn (stellvertretende Kita-Leiterin
und Leiterin von Kinder-Entspannungskursen)

Einsatz der Karten in Kindermentaltrainingskursen

In meinen Kindermentaltrainingskursen lasse ich in einer Abschlussrunde jedes Kind eine Affirmationskarte ziehen. Jedes liest seine Karte vor bzw. bekommt die Karte von einem größeren Kind vorgelesen, wenn es dies selbst noch nicht kann. Ich bespreche die Aussage der Karte mit dem einzelnen Kind, damit es den stärkenden Inhalt auch versteht und fühlt. Die Kinder schließen dann noch einmal kurz ihre Augen und atmen ihren »bärenstarken Satz« ein. Interessierten Eltern gebe ich diesen »Bärenstarken Gedanken« noch mit nach Hause, damit sie das Kind immer wieder daran erinnern können. Die Kartenzieh-Abschlussrunde ist das, worauf die Kinder sich von der ganzen Stunde am meisten freuen. Für mich ist die Arbeit mit Kindern ohne Kinderaffirmationskarten undenkbar. Es fördert und unterstützt die Kinder und hilft ihnen zu mehr Selbstvertrauen.

Caroline Herrmann

(Diplom-MentalCoach DGMT und Kindermentaltrainerin)

Einsatz der Karten in der Nachhilfestunde

Das Kartenset kam im Rahmen von Nachhilfestunden für 11- bzw. 14- und 15-jährige Schülerinnen und Schüler zum Einsatz, wobei aus zeitlichen Gründen die Anzahl der Karten reduziert werden musste, da die relativ stringenten inhaltlichen Vorgaben (Vorbereitung auf Prüfungen und Ähnliches) die Verwendung aller Karten nicht zuließ. Dennoch waren sehr positive Reaktionen zu verzeichnen, insbesondere ermöglicht durch flexibles Vorgehen, das heißt die Karten wurden je nach Bedarf variierend vor, während oder nach den Stunden entweder selektiv bzw. modifiziert vorgelegt oder konnten aus dem Stapel gezogen werden.

Ein Beispiel: Thomas hat Probleme bei der Berechnung von geometrischen Körpern und soll eine komplexe Textaufgabe lösen. Seine Äußerungen zur Karte »Ich vertraue mir« lassen noch Zweifel erkennen, er ist noch etwas unsicher. Eine unter Zuhilfenahme eines Modells angefertigte Skizze führt zusammen mit der Karte »Ich bin geduldig« dazu, nicht vorzeitig aufzugeben, sondern den Text mehrmals genau zu lesen. Ein stummer, aber deutlicher Impuls meinerseits und die Karte »Ich bin schlau« bestärken ihn in seinem Selbstbewusstsein, lassen ihn einen wesentlichen Aspekt der Aufgabe erkennen, und er legt unaufgefordert schweigend die Karte »Ich bin dankbar« vor mich hin. Nach erfolgreicher Erledigung der Aufgabe meint er zur Karte »Ich kann viel«, dass er doch mehr leisten könne als gedacht und (O-Ton) »etwas im Kopf hat«.

Rückblickend sowohl auf meine Tätigkeit als Hochschullehrer für Grundschulpädagogik an den Universitäten Eichstätt und München (mit Betreuung grundschulspezifischer Praktika) als auch auf meine Erfahrungen als Lehrer an Grundschulen bedaure ich es sehr, dass mir dieses Kartenset nicht schon früher zur Verfügung stand. Es wäre eine wertvolle Hilfe gewesen. Häufig mussten Lehrkräfte sich zu Beginn einer Stunde oder eines Tages, oft auch für ein Wochenthema in Bezug auf soziale Komponenten, für das Schreiben von Geschichten und für alle Aspekte des künstlerischen Gestaltens motivationale Gedanken machen, die sich mit dem Kartenset erübrigt hätten.

Gerade für Kinder mit partiell exzessivem Medienkonsum – und es werden immer mehr, wie aktuelle Forschungen belegen – dürfte es auch eine neue Erfahrung sein, sich über sich selbst Gedanken zu machen und dies auch zu artikulieren.

Dr. Siegbert Merkle
(Grundschullehrer und Hochschullehrer für Grundschulpädagogik im Ruhestand)

Einsatz der Karten bei Tagesmüttern und in Familien

Die Praxis zeigte, dass die Affirmationen Kinder dabei bestärken, ihre Lebendigkeit und natürliche Freude am Lernen und Entdecken zu bewahren. Die Arbeit mit den Karten fördert einen innigen, achtsamen Dialog mit sich selbst und infolgedessen auch mit anderen. Die Karten regen dazu an, individuelle, sozusagen maßgeschneiderte Affirmationen mit dem Kind spielerisch herauszuarbeiten. Die Affirmationen sind ein wunderbares Werkzeug, um in Kontakt mit der Fülle der ganz eigenen inneren Schatztruhe zu treten. So kann sich daraus eine solide Vertrauensbasis entwickeln, aus der dann letztendlich die Werte (er)wachsen werden, die dem Kind Halt und Orientierung in seinem Leben geben. Der Austausch mit den Kindern lässt dem eigenen inneren Kind des Erwachsenen wieder mehr Raum – so entwickelt sich Wachstum auf beiden Seiten! Fantasie und Kreativität beim Einsatz der Karten sind letztendlich keine Grenzen gesetzt. Die Karten können auch sehr gut durch selbst gestaltete ergänzt werden, zum Beispiel könnte ein spezielles Familienkartenset entstehen, was wiederum den Zusammenhalt, das Vertrauen der Familie stärkt. Ebenso denkbar ist, dass sich auch ein ganz »eigenes« Set für jedes Kind entwickelt, was es in seiner Schatzkiste aufbewahren kann, oder ein Gruppenset für feste Kindergruppen bei Tagesmüttern, im Kindergarten und so weiter. Ich kann mir auch gut vorstellen, die Karten bei längeren Autofahrten, beim Warten auf dem Flughafen oder im Bahnhof, im Wartezimmer etc. einzusetzen. Die Karten haben den Vorteil, dass sie klein und handlich sind und somit in jeder Tasche Platz finden. So können auch langweilige Wartesituationen sehr gut überbrückt werden.

Nicole Merkle-Wadsteen
(Tagesmutter, ausgebildet in »The Work« nach Byron Katie)

Einsatz der Karten im Sporttraining

Folgende Affirmationen kamen im Sporttraining bei drei- bis fünf- bzw. fünf- bis siebenjährigen Kindern bei einem Musik-Stopp-Spiel zum Einsatz: »Ich habe eine gute Körperhaltung« und »Ich bin stark«.

Bei einem Musik-Stopp-Spiel bewegen sich die Kinder zur Musik. Stoppt die Musik, halten auch die Kinder an und führen eine vorher vereinbarte Bewegung bzw. Aktion durch. Danach wird die Musik wieder angestellt. Bei erneutem Stopp erfolgt dann die nächste Aktion. Beim Einsatz der Affirmationskarten standen die Kinder beim Zuruf »Ich habe eine gute Körperhaltung!« mit angelegten Armen in gerader, gespannter Körperhaltung. Beim Zuruf »Ich bin stark!« blieben sie mit angespannten Muskeln und angewinkelten Armen wie ein Bodybuilder stehen. Um das Spiel etwas abwechslungsreicher zu gestalten, habe ich noch eine weitere Aktion hinzugenommen. Beim Zuruf »Ich bin beweglich!« sollten alle Kinder mehrere »Hampelmänner« turnen. Dieses Spiel habe ich am Anfang des Trainings durchgeführt, und es hat allen Kindern viel Spaß gemacht. Am Ende der Turnstunde habe ich die Affirmationen des Musik-Stopp-Spiels noch einmal aufgegriffen und ihnen erklärt, dass »Stärke« nicht nur Muskelkraft, sondern auch eine andere Kraft sein kann. Außerdem habe ich die Kinder gebeten, zu Hause auf ihre Körperhaltung zu achten.

Die Affirmation »Ich habe eine gute Körperhaltung« kam in einer Aufwärmrunde mit Kleingeräten zum Einsatz: In einer weiteren Trainingsstunde haben die Kinder sich mit Tennisringen aufgewärmt. So wurden die Ringe gefangen, gerollt und auch balanciert. Das Balancieren auf dem Kopf erfolgte wieder mit dem Hinweis »Ich habe eine gute Körperhaltung!« und half den Kindern dabei, das aufrechte und gerade Gehen zu üben.

Stefanie Pebler
(Übungsleiterin für Kinderturnen)

Kopiervorlagen

Um die Kopiervorlagen auf den folgenden Seiten auf DIN-A4-Format zu bringen, vergrößern Sie sie bitte auf 127 Prozent. Sie können sie auch im Internet unter www.beltz.de/material im A4-Format downloaden (Kennwort 62731).

Illustration: Jakob Werth, © Beltz Verlag, Weinheim und Basel

Literatur

Bauer, Joachim (2009): Warum ich fühle, was du fühlst. 14. Auflage. München: Wilhelm Heyne.

Bay, Rolf H. (1988): Erfolgreiche Gespräche durch aktives Zuhören. 6. Auflage. Renningen: Expert.

Benson, Herbert/Klipper, Miriam Z. (1978): Gesund im Stress: Eine Anleitung zur Entspannungsreaktion. Frankfurt am Main/Berlin/Wien: Ullstein.

Biddulph, Steve (2009): Das Geheimnis glücklicher Kinder. 26. Auflage. München: Heyne.

Boerner, Moritz (1999): Byron Katies The Work: Der einfache Weg zum befreiten Leben. München: Goldmann.

Brüggebors, Gela (1992): Klüger als die Eltern … Mentale Spiele für Kinder. Reinbek: Rowohlt.

Coué, Emile (1998): Mentaltraining und Autosuggestion: das Unbewusste in uns selbst und wie wir lernen, es sinnvoll zu nutzen. Zürich: Oesch.

Derbolowsky, Jakob (2000): TrophoTraining – So fühle ich mich wohl. 3. Auflage. Germering: Psychopädica.

Derbolowsky, Jakob/Starringer, Gudrun (2005): Entspannt in einer Minute mit TrophoTraining. München: Gräfe und Unzer.

Diamond, John (1990): Der Körper lügt nicht. 5. Auflage. Freiburg: Verlag für angewandte Kinesiologie.

Ellis, Albert (2004): Grundlagen und Methoden der Rational-Emotive Verhaltenstherapie. 2. Auflage. Stuttgart: Klett-Cotta.

Ellneby, Ylva (2001): Kinder unter Stress – Was wir dagegen tun können. München: Beust.

Geisselhart, Roland/Hofmann, Christiane (2009): Stress ade – die besten Entspannungstechniken. 5. Auflage. Freiburg: Haufe-Lexware.

Gordon, Thomas (1989): Familienkonferenz – Die Lösung von Konflikten zwischen Eltern und Kind. München: Heyne.

Greving, Johannes/Paradies, Liane (1996): Unterrichts-Einstiege – Ein Studien- und Praxisbuch. Berlin: Cornelsen Scriptor.

Hoekstra, Elly/van der Neer, Doke (2004): Ismakogie – Anmut, Schönheit, Vitalität, Entspannung – die spielerische Bewegungslehre für den Alltag nach der Methode von Prof. Anne Seidel. Zürich: Oesch.

Hoppe, Gabriele (1996): Mit Kindern meditieren – Grundlagen und Anleitungen. 2. Auflage. München: Don Bosco.

Horatschek, Brigitta (1990): Ismakogie von A – Z. St. Pölten/Wien: Niederösterreichisches Pressehaus Druck- und Verlagsgesellschaft.

Klammrodt, Friedrich (2009): Unkonzentriert – Aggressiv – Überaktiv – Ein Problem der Erziehung oder der Ernährung? 5. Auflage. Leer: Verlag Grundlagen und Praxis.

Kollmorgen, Charlotte (1988): Collagen-Therapie: Bildnerische Arbeit mit Herzinfarktpatienten in der Rehabilitationsklinik. Berlin: Carl Marhold.

Koneberg, Ludwig/Förder, Gabriele (1999): Kinesiologie für Kinder. 4. Auflage. München: Gräfe und Unzer.

Kretschmann, Rudolf (Hrsg.) (2000): Stressmanagement für Lehrerinnen und Lehrer. Weinheim/Basel: Beltz.

Lang, Gunda (1989): Besser in der Schule – Mentaltraining für Kinder und Jugendliche. 2. Auflage. München: Peter Erd.

Lendner-Fischer, Sylvia (2004): Bewegte Stille – Stressabbau und Entspannung mit Kindern. 2. Auflage. München: Kösel.

Meyer, Hilbert (1987): UnterrichtsMethoden 2. Praxisband. Frankfurt am Main: Cornelsen Scriptor.

Mohr, Bärbel/Clemens, Maria (2005): Die Mohr-Methode: Ihr persönliches Grundlagenprogramm zu privatem Glück und beruflichem Erfolg. Burgrain: KOHA.

Niehl, Franz Wendel/Thömmes, Arthur (1998): 212 Methoden für den Religionsunterricht. München: Kösel.

Porta, Sepp/Zagler, Günther (2002): Gib den Stress-Hormonen, was sie brauchen. Zürich/Stuttgart: Kreuz.

Porta, Sepp/Hlatky, Michael (2009): Stress verstehen – Burnout besiegen. Wien: Verlagshaus der Ärzte.

Raschdorf, Anette (2001): Kindern Stille als Erlebnis bereiten – Sinnesübungen, Fantasiereisen und Entspannungsgeschichten zur Gestaltung von Ruhesituationen in Kindergarten, Grundschule und Familie. 3. Auflage. Münster: Ökotopia.

Rendle, Ludwig/Heinemann, Ursula/Kuld, Lothar/Moos, Beatrix/Müller, Alois (1996): Ganzheitliche Methoden im Religionsunterricht. München: Kösel.

Rosenberg, Marshall B. (2005): Gewaltfreie Kommunikation – Eine Sprache des Lebens. 6. Auflage. Paderborn: Junfermann.

Schenker, Doris (2006): Sicheres Auftreten in der Schule – So haben Schüler mehr Erfolg. Neuried: Care-Line.

Scherz, Thomas (2000): Praxisbuch der Mentaltechniken – Übungen für ein positives Körper- und Lebensgefühl. München: Droemersche Verlagsanstalt Th. Knaur.

Schulz von Thun, Friedemann (2000): Miteinander reden 1: Störungen und Klärungen. Reinbek: Rowohlt.

Schwarz, Aljoscha/von Witzleben, Ines (2004): Endlich frei von Angst. 5. Auflage. München: Gräfe und Unzer.

Seefeldt, Dieter (2000): Stress, Verstehen – Erkennen – Bewältigen. 2. Auflage. Dreieich: Edition Wötzel.

Simon, Walter (2001): Ziele managen – Ziele planen und formulieren, zielgerichtet denken und handeln. 2. Auflage. Offenbach: Gabal.

Spitzer, Manfred (2005): Vorsicht Bildschirm! Elektronische Medien, Gehirnentwicklung, Gesundheit und Gesellschaft, Transfer ins Leben, Band 1. 4. Auflage. Stuttgart: Klett.

Storch, Maja/Cantieni, Benita/Hüther, Gerald/Tschacher, Wolfgang (2006): Embodiment – Die Wechselwirkung von Körper und Psyche verstehen und nutzen. Bern: Huber.

Techniker Krankenkasse/F.A.Z.-Institut für Management-, Markt- und Medieninformationen GmbH (Hrsg.) (2009): Kundenkompass Stress – Aktuelle Bevölkerungsbefragung: Ausmaß, Ursachen und Auswirkungen von Stress in Deutschland. Frankfurt am Main: F.A.Z.-Institut für Management-, Markt- und Medieninformationen.

Tönnies, Sven (1998): Mentales Training für die geistig-seelische Fitness: Ein praktischer Ratgeber für Erwachsene. Heidelberg: Asanger.

Vopel, Klaus (1993): Ausflüge im Lotussitz – Kinder ohne Stress, Band 5. 3. Auflage. Salzhausen: Iskopress.

Vopel, Klaus/Ehrlich, Miriam (1992): Phantasiereisen, Band 3. 3. Auflage. Salzhausen: Iskopress.

Feedback erwünscht!

Liebe Leserin, lieber Leser,

über konstruktives Feedback, Hinweise, Erfahrungsberichte, Bilder und Informationen freuen wir uns sehr. Auch Ihre Erfahrungsberichte zu den »Bärenstarken Gedanken« sind herzlich willkommen. Bitte schicken Sie Ihr Feedback an eine der folgenden Adressen:

Gabriele A. Petrig
Herstallstraße 35
63739 Aschaffenburg
petrig@t-online.de

Saskia Baisch-Zimmer
c/o Verlagsgruppe Beltz
Werderstraße 10
69469 Weinheim
info@beltz.de